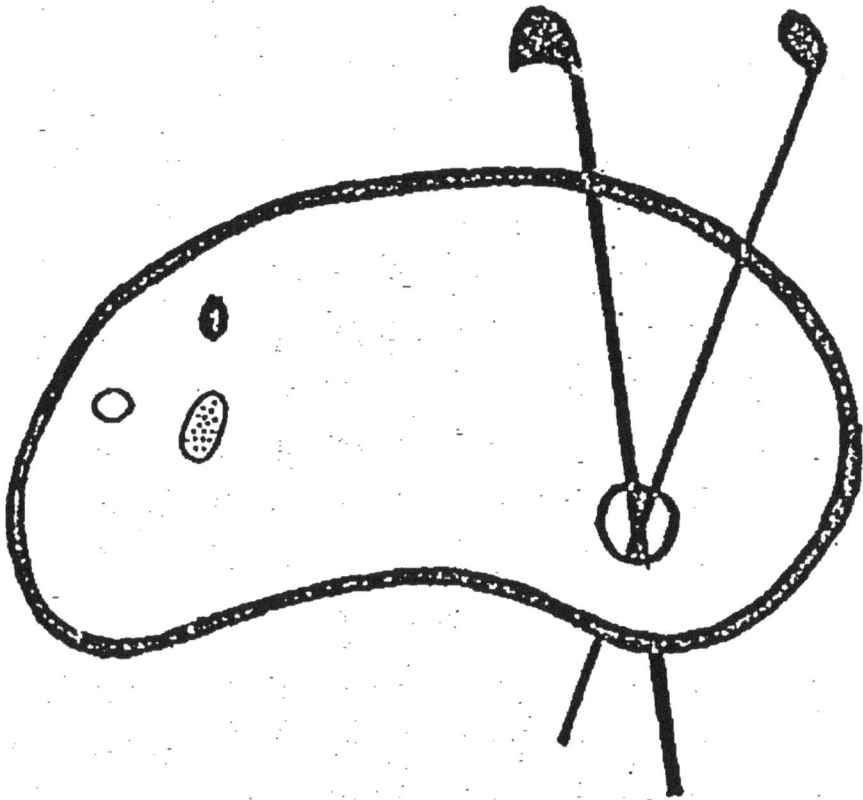

COUVERTURE SUPERIEURE ET INFERIEURE
EN COULEUR

LE
GUIDE DE LA SAGESSE

OU GUIDE

DU BON CITOYEN RÉPUBLICAIN

(divisé en trois parties)

PAR

Augustin BABIN

Si la foi raisonnée est l'appui des Etats.
La foi aveugle en est le plus grand embarras.

A B

PREMIÈRE ÉDITION

PARIS

TYPOGRAPHIE CHARLES UNSINGER

83, RUE DU BAC, 83

1881

Dans tous pays, l'athée est funeste aux États ;
Et, s'il ne l'est lui-même, il fait des scélérats.

FÉNÉLON.

Si la foi raisonnée est l'appui des États,
La foi aveugle en est le plus grand embarras.

AUGUSTIN BABIN.

LE

GUIDE DE LA SAGESSE

LE
GUIDE DE LA SAGESSE

OU GUIDE

DU BON CITOYEN RÉPUBLICAIN

(divisé en trois parties)

PAR

Augustin BABIN

Si la foi raisonnée est l'appui des Etats,
La foi aveugle en est le plus grand embarras.

A B.

PREMIÈRE ÉDITION

PARIS

TYPOGRAPHIE CHARLES UNSINGER

83, RUE DU BAC, 83

1881

AVERTISSEMENT [1]

___

CHERS ÉLECTEURS,

Un fait regrettable, sous tous les rapports, paraît vouloir se produire dans le corps électoral ; fait se rapportant aux abstentions nombreuses qui, dans beaucoup d'élections partielles, paraissent vouloir se produire de plus en plus.

A quoi devons-nous l'attribuer? Nous devons probablement l'attribuer : d'abord à l'ignorance

___

[1] Cet avertissement est, sauf la fin, le même que celui du *Régénérateur des Écoles*, que nous avons fait paraître à Saint-Malo (Ille-et-Vilaine) l'année dernière, tout en reconnaissant son extrême insuffisance, ce qui n'a pas lieu pour le présent écrit. En effet, cet *écrit nouveau*, destiné à remplacer le *Régénérateur des Écoles* sus-désigné, nous paraissant pouvoir remplir le but que nous nous proposons (qui n'est autre que l'instruction civile et morale des Électeurs actuels et *principalement* des Électeurs futurs de notre *bien aimée* RÉPUBLIQUE FRANÇAISE,) cela nous engage à en adresser la *Dédicace* au CONSEIL SUPÉRIEUR de l'instruction publique; tout en suppliant, *avec un désintéressement pécuniaire absolument des plus complets*, Messieurs les MEMBRES du dit CONSEIL SUPÉRIEUR de vouloir bien autoriser son introduction dans les Collèges et les Lycées de notre *bien aimée* RÉPUBLIQUE FRANÇAISE.

Leur tout dévoué et très respectueux serviteur.

A. B.

à peu près complète d'un grand nombre d'entre vous, chers Électeurs, des paternels et sublimes *principes républicains* qui, heureusement, nous régissent actuellement ; puis, ensuite, dans ce faux raisonnement que certainement la plupart d'entre vous doivent se faire, soit isolément, soit en commun : *Bah ! quelques voix de plus ou de moins ne peuvent pas faire grand chose dans le résultat de l'élection, et, certainement, celui pour qui nous voulons voter sera élu.* Eh ! chers concitoyens, quelle erreur regrettable vous avez l'imprudence de commettre, en agissant ainsi. Que de fois, en effet, il arrive que votre espérance est déçue, précisément par ce qu'il aurait fallu vos voix pour qu'elle eût gain de cause...

Rappelez-vous donc que les petits ruisseaux font les grandes rivières et que les grandes rivières font les grands fleuves, qui, eux-mêmes, servent à alimenter le grand lac, la mer, qui, ici, représente le Pouvoir central, autrement dit le Pouvoir présidentiel ou *Pouvoir exécutif.*

Quant aux conséquences malheureuses qui en résultent, inutile de vous les désigner, car le plus simple bon sens suffit pour les faire apprécier. En effet, au lieu de représentants amis, qui *seuls* peuvent prendre votre défense, par votre abstention paresseuse, vous envoyez dans les deux Chambres, des personnes qui n'ont qu'une idée fixe : celle de reculer comme l'écrevisse, pour mieux vous priver, malgré leurs belles et hypocrites promesses, de vos libertés actuelles, afin de vous réduire en esclavage comme par le passé. *Réfléchissez* et *agissez* ; votre bonheur et celui de vos enfants en dépendent.

Quant à ceux qui s'abstiennent absolument par insouciance, et qui, par conséquent, manquent complètement de patriotisme, nous ne pouvons rien en dire, nous ne pouvons que les plaindre.

Tel est l'avertissement, Électeurs, que nous avons cru devoir faire figurer dans notre *Régénérateur des Écoles*, publié au commencement de l'année 1880. Cet avertissement (aujourd'hui, Janvier 1881) a encore grandement sa raison d'être, malgré les excellentes *Élections générales* qui viennent d'avoir lieu, et dans lesquelles vous avez donné la preuve d'un patriotisme vraiment admirable, en donnant une grande majorité républicaine aux CONSEILS COMMUNAUX de notre *bien aimée* RÉPUBLIQUE FRANÇAISE, qui a pleinement droit à un patriotisme encore beaucoup plus prononcé de votre part.

C'est cette preuve de patriotisme que vous venez de nous donner, Électeurs républicains, qui nous décide à ajouter, à la suite de cet avertissement, les quelques vers suivants (1), qui pourront vous faire sourire, tout en faisant réfléchir ceux qui ont le triste avantage d'être encore réactionnaires et qui, par conséquent, ont l'*incompréhensible* intention de vouloir renoncer au Pouvoir Souverain dont ils jouissent actuellement; lequel Pouvoir les fait maîtres, au lieu d'être de vils esclaves, comme autrefois.

LES TROIS PRINCIPES ANTI-PATRIOTIQUES
OU RECETTE DE LA CUISINE ÉLECTORALE

Voulez-vous, Électeurs, vous servir au besoin
Un plat fort indigeste, exigeant peu de soin?
Prenez un vieux coq né l'année mil huit cent trente,
Lequel est mort phtisique en mil huit cent quarante
Plus huit; puis un aigle d'un plumage commun,
Ayant pris naissance en mil huit cent cinquante-un,

---

(1) Ces quelques vers nous ont été inspirés par l'article suivant, extrait du journal hebdomadaire la *République* de Saint-Malo, n° du 16 janvier 1881.

RECETTE DE CUISINE ÉLECTORALE.

Vous prenez un vieux coq né en 1830, mort phtisique en 1848; un aigle né en décembre 1851 et crévé en 1870; un pot de conserve de fleurs de lys de plusieurs siècles; vous amalgamez le tout avec force eau bénite pour faire la liaison; vous mijotez sur un feu de fagots de l'inquisition et vous servez à la glace ce plat très en faveur chez Messieurs les réactionnaires, mais généralement refusé par les Électeurs..... pardon, par les Convives républicains.

Et qui, heureusement, poussa son dernier cri
Dans le cours de l'an mil huit cent soixante-dix.
Ajoutez-y, encore, un vieux pot réfractaire
Rempli de conserve fleurs de lys séculaires;
Ensuite amalgamez toute la réunion,
Arrosée d'eau bénite, afin d'avoir liaison.
Alors vous mijotez sur un feu de fagots
De sainte inquisition et puis vous obtenez
Un plat très en faveur chez Messieurs les bigots,
Mais qui, certainement, vous infecte le nez.
Ce beau plat est celui que les réactionnaires
Vous offraient, Électeurs, croyant vous satisfaire.
Mais plus sensés qu'eux tous, vous avez cru bien faire
En prenant la mission de les porter en terre;
Avec le grand désir de pouvoir certain jour
Déterrer tous ceux qui auront le bon esprit,
De quitter habits vieux pour prendre pour toujours,
L'habit républicain, ou bien autrement dit
D'accepter franchement et puis loyalement,
La RÉPUBLIQUE qui, de tous Gouvernements,
Est la *seule* possible à notre époque actuelle.
Vérité évidente et qui est éternelle,
Ainsi que nous l'enseigne, de toute antiquité,
L'histoire des peuples les plus civilisés.
Les peuples, en effet, une fois arrivé
A notre état moral et puis intellectuel,
Sont naturellement forcément amenés
A ce Gouvernement tout à fait rationnel;
Lequel, assurément, est le plus épuré
De tous ceux dont peut jouir notre humble humanité.
A nous donc, Électeurs, de prendre la défense,
Avec dévouement et surtout avec prudence,
Du dit Gouvernement qui *seul* nous rend tous frères
But final qu'il nous faut ardemment désirer.
Pour nous tous, qui sommes enfants du même Père,
C'est un devoir sacré qu'il nous faut observer.

INVOCATION

O mon DIEU ! c'est avec la plus profonde humilité que j'entreprends de faire paraître cette humble écrit, dans le but d'être utile à tous mes semblables et d'obéir, par conséquent, à votre divine loi, par laquelle Vous nous recommandez de nous aider les uns les autres ; de faire à autrui ce que raisonnablement nous voudrions qui nous fût fait à nous-mêmes ; enfin de nous aimer tous comme de vrais frères, puisque nous sommes tous vos enfants. Loi adorable que Jésus-Christ, l'un de vos fils bien-aimés et notre bienfaiteur sur cette terre, enseigna aux hommes pendant son séjour parmi eux.

Ne pouvant rien sans Vous, soutenez-moi, SEIGNEUR, dans mon humble entreprise, afin que mon travail puisse être utile à tous mes semblables que j'aime comme moi-même, par amour pour Vous, et auxquels je désire, de tout mon cœur et de toute mon âme, pouvoir offrir également par amour pour Vous, un écrit qui puisse leur inspirer le louable désir de remplir consciencieusement, *dans l'intérêt de tous*, les devoirs sacrés que leur impose le *précieux titre d'électeur*, et qui puisse, en même temps, les soulager dans leurs peines en leur inspirant toute confiance et tout espoir en Vous, qui, *Seul*, avez le pouvoir de donner à vos enfants : *Gloire* et *félicité*.

Que votre volonté soit faite, ô mon DIEU !

AVANT-PROPOS

A Messieurs les Collégiens de notre bien aimée République française.

CHERS COLLÉGIENS,

Le *Guide de la sagesse* ou *Guide du bon Citoyen républicain*, divisé en trois parties et dont nous adressons la *dédicace* au Conseil Supérieur de l'instruction publique, a naturellement trois buts différents dont un pour chaque partie.

Le premier but, comprenant la première partie, consiste à donner l'explication de tous les principaux devoirs purement humains, qui incombent à tout Citoyen français, une fois qu'il a atteint l'âge de la raison.

Sans aucun doute, chers Collégiens, nous devons reconnaître que, parmi tous ces devoirs, le plus important consiste à remplir *consciencieusement* toutes les obligations patriotiques que nous impose notre titre d'*Électeur* ; titre qui nous fait *juge souverain* de ceux qui sont chargés de la direction générale de la société tout entière, de la Nation dont nous faisons partie, ainsi que cela sera grandement prouvé dans cette première partie, se rapportant tout spécialement à la morale purement civile.

Cette morale, nous la diviserons de la manière suivante : 1° *Morale individuelle;* 2° *Morale envers autrui;* 3° *Morale sociale,* la plus importante pour la bonne organisation de toute société humaine plus ou moins nombreuse, c'est-à-dire comprenant une Nation isolée, plusieurs Nations, ou bien, enfin, notre humanité terrestre tout entière.

Le deuxième but, comprenant la deuxième partie, consistera à vous donner connaissance des sublimes et on ne peut plus consolants principes de la Doctrine psychologique, essentiellement *régénératrice.* Si nous disons que la Doctrine psychologique est essentiellement *régénératrice,* c'est parce qu'elle est absolument conforme à *celle* de Jésus-Christ, dans sa pureté la plus absolue. Seulement la Doctrine psychologique ayant l'avantage d'être venue *dix-huit cents ans* plus tard, et tout sur cette terre étant destiné à *s'améliorer et progresser,* nous devons donc rationnellement en conclure, chers et bien aimés Collégiens, qu'elle doit être le *complément* du *pur* Christianisme. Cette conséquence a d'autant plus sa raison d'être, que Jésus-Christ, lui-même, a reconnu la progression dans les pensées religieuses, lorsqu'il a adressé ces remarquables paroles à ses apôtres, dans le verset suivant de l'Evangile selon Saint-Jean, ch. XVI, v. 12 : « *J'ai encore beaucoup de choses à vous dire, mais vous ne pouvez les porter présentement* ». Toute doctrine qui nie la progression dans les pensées religieuses, est donc forcément une doctrine *anti-chrétienne*. D'où, nous sommes dans l'obligation d'en tirer la conclusion suivante : c'est que, *règle générale*, l'immutabilité des dogmes religieux n'a aucunement sa raison d'être, en dehors des Principes immuables qui font le fondement du *pur* Christianisme, comme ils font celui de la Doctrine psychologique. Ces principes immuables sont les suivants : l'existence d'un ÊTRE SUPRÊME, Créateur et Dispensateur de toutes choses, et notre Père *céleste* à tous ; l'immortalité de la partie spirituelle qui est en nous, autrement dit l'immortalité de notre âme ; l'existence d'un monde spirituel en dehors de notre monde matériel et la responsabilité de nos actes bons ou mauvais durant notre vie actuelle, autrement dit, pour chacun de nous, les récompenses et les punitions en dehors de cette vie ; l'existence de la pluralité des mondes matériels et de la pluralité des existences corporelles pour l'âme humaine; etc., etc.

Le troisième but, enfin (comprenant la troisième

partie intitulée : *Morceaux choisis* ou *Ornement de la mémoire*, etc.), consiste uniquement à vous faire connaître un grand nombre de *Morceaux choisis*, capables de pouvoir orner avantageusement votre mémoire. Heureux et bien des fois heureux, si cette troisième partie peut vous plaire, au point de vous donner le désir d'en imprégner votre mémoire, tout en l'améliorant et la fortifiant. Cela nous rendrait d'autant plus heureux que, (comme Messieurs vos honorables professeurs) nous sommes intimement convaincu que rien n'est plus précieux que la mémoire, quand il s'agit de l'instruction. La raison en est simple : c'est parce que tout Élève qui a le bonheur de la posséder à un haut degré, a toujours des études faciles et heureuses en même temps, pour peu qu'il fasse usage de l'application, autrement dit qu'il applique sérieusement et avec une très grande assiduité, son esprit et son attention à ce qu'il veut apprendre. Dans le cas contraire, (ce qui ne peut être qu'excessivement regrettable pour lui), ses études sont d'autant plus difficiles que sa mémoire est plus défectueuse ; car, alors, il lui faut très souvent acquérir de nouveau, ce qu'il avait acquis précédemment.

Telles sont, chers et bien aimés Collégiens, les

trois parties qui composent cet écrit, que nous avons composé uniquement pour vous. Heureux et bien des fois heureux, s'il est destiné à avoir le précieux et immense avantage de pouvoir vous aider à marcher courageusement dans la bonne voie, pendant le cours de votre vie actuelle ; ce qui est notre désir le plus grand et le plus intime, par attachement pour vous tous, qui, nous en avons l'intime conviction, serez un jour les vrais défenseurs de notre *bien aimée* RÉPUBLIQUE FRANÇAISE, dont, actuellement, vous êtes la plus grande espérance; ne l'oubliez pas, chers Concitoyens.

Votre ami et votre frère spirituel tout dévoué,

AUGUSTIN BABIN.

LE

GUIDE DE LA SAGESSE

OU GUIDE

DU BON CITOYEN RÉPUBLICAIN

PREMIÈRE PARTIE

I

D. Qu'appelle-t-on *Guide de la Sagesse ?*

R. On appelle guide de la sagesse, tout écrit qui a pour
but de donner des instructions ou avis pour la conduite
des mœurs et la connaissance des devoirs que l'on se doit
réciproquement dans la vie.

II

D. Sans aucun doute, ce genre d'écrit doit avoir une
grande importance pour la jeunesse ?

R. Tout naturellement, et la raison en est simple :
c'est parce que la jeunesse, qui a la tête vive et le cœur
chaud, a essentiellement besoin d'un *guide intelligent* qui
lui signale les écueils dont la vie est semée, qui dirige
ses études, sa conscience et ses mœurs.

III

D. Ce guide de la sagesse a-t-il encore un autre but ?

R. Oui, il a celui qui se rapporte à l'éducation civile de tout Citoyen en général, laquelle éducation, jointe aux enseignements précédents, comprend la loi morale purement humaine.

IV

D. Faites-nous connaître la division que nous pouvons faire subir à cette loi morale, afin de pouvoir l'apprécier le plus avantageusement possible ?

R. Cette division est la suivante : 1° *Morale individuelle*; 2° *Morale envers autrui*; 3° *Morale sociale*, la plus importante pour la bonne organisation de toute société humaine plus ou moins nombreuse, c'est-à-dire comprenant une nation isolée, plusieurs nations, ou bien encore l'humanité terrestre tout entière.

V

D. Votre division est excellente, aussi lui donnons-nous entièrement notre approbation. Maintenant, donnez-nous la définition de la morale individuelle ?

R. La définition que l'on peut donner à la morale individuelle est celle-ci : c'est qu'elle consiste dans l'accomplissement de tous les devoirs généraux de *l'homme* (1) envers lui-même, et cela dans son propre intérêt, du moment que le non accomplissement de l'un de ces devoirs, ne peut que lui être préjudiciable.

---

(1) OBSERVATION TRÈS IMPORTANTE : Dans tout le cours de cet écrit le mot *homme*, écrit en lettres italiques, est pris dans son acception *générique* désignant l'homme et la femme.

VI

D. Quels sont ces devoirs ?

R. Ils sont les suivants : Prudence et prévoyance — propreté — travail (instruction et émulation) — tempérance (sobriété) — ordre et économie — patience (courage et fermeté) — modération et désintéressement — discrétion et silence — modestie et simplicité — amendement — fréquentation de la bonne compagnie — conscience.

VII

D. Qu'est-ce que la prudence et la prévoyance ?

R. La prudence, qui, dans son acception générale, comprend tous les devoirs de *l'homme*, est cette vertu qui fait discerner le bien d'avec le mal, le vrai d'avec le faux ; elle aide à user des choses de la vie avec circonspection, réserve, décence et sagesse. La prudence doit toujours être accompagnée de la prévoyance ; qualité qui nous fait prévoir les dangers à l'avance. Seulement, il ne faut jamais attacher trop d'importance à cette dernière, car fort souvent il arrive que l'évènement confond la prévoyance.

VIII

D. Quelles sont les recommandations de la prudence ?

R. Ces recommandations sont les suivantes : c'est d'abord de ne rien faire d'important pour nous et pour les autres, sans prendre auparavant, après avoir bien réfléchi, l'avis d'une personne honnête ; car, dans le cas contraire, on risque de s'égarer, en voulant marcher seul et sans guide. Puis, ensuite, elle consiste à ne jamais menacer, à agir sans vanterie, à favoriser la

retraite de son ennemi, en ne marchant pas, selon le proverbe sur la queue du serpent, et surtout à se garder d'une
manière absolue, de blesser l'amour-propre d'un plus
petit que soi. La raison en est simple : c'est parce qu'un
dommage matériel peut à la longue se pardonner, il
s'explique de mille manières ; mais *l'amour-propre*, au
contraire, saigne toujours du coup qu'il a reçu et ne
pardonne jamais à celui qui l'a blessé.

IX

D. Que devons-nous en conclure ?

R. Nous devons en conclure que la personnalité morale est plus sensible, plus vivante en quelque sorte
que la personnalité physique ; le cœur et le sang sont
moins sensibles que les nerfs. Enfin notre être extra-
corporel nous domine, quoi"e nous fassions. Aussi
peut-on dire avec raison : on peut réconcilier deux personnes qui auront voulu se tuer, ou bien encore les spo-
liés et les spoliateurs ; mais on ne réconciliera jamais
les calomniés et les calomniateurs.

X

D. Qu'est-ce que la propreté ?

R. La propreté peut être considérée sous deux points
de vue différents : celle du corps et celle du costume.

XI

D. En quoi consiste la propreté du corps ?

R. Elle consiste à tenir notre corps sans crasse ni
saleté. Pour cela, nous devons prendre, autant que pos-

sible, un bain par mois, surtout l'été, époque à laquelle la sueur, qui est une des principales causes de notre crasse sur nous, est la plus abondante; puis, ce qui est de rigueur, nous devons changer de linge au moins une fois par semaine...

XII

D. Celle du costume, maintenant ?

R. Sous le rapport du costume, la propreté consiste à avoir sur soi des habillements exempts de tout ce qui peut choquer la vue. Seulement cette propreté ne doit jamais être outrée, sans quoi elle deviendrait *affectation*, défaut qui ne peut que nous rendre ridicule.

XIII

D. Est-il prudent de juger autrui sur sa mine ou sur sa mise ?

R. Pas toujours, car un pareil jugement pourrait quelquefois se trouver à notre désavantage, ainsi que le fait fort bien remarquer un poète, dans le quatrain suivant :

« N'examinons jamais la figure ou la mise
« Doit-on juger quelqu'un sur la mine ou l'habit ?
« Tel néglige son corps qui pare son esprit :
« Nous critiquons son air et lui notre sottise. »

XIV

D. En quoi consiste l'utilité de ces deux propretés ?

R. L'utilité de la première, consiste en ce qu'elle est le meilleur préservatif contre un grand nombre de maladies; l'une et l'autre sont un indice et une preuve de sociabilité et de déférence pour nos semblables ; enfin toutes deux sont indispensables, si l'on veut être admis dans la bonne compagnie.

XV

D. Qu'est-ce que le travail ?

R. Le travail est un labeur, une fatigue, une peine que l'on prend pour faire quelque chose, dans le but d'en retirer un avantage, soit pour nous soit pour les autres. Il peut être manuel ou spirituel ; dans ce dernier cas, il porte plus spécialement le nom d'étude. Mais qu'il soit manuel ou spirituel, il doit toujours user de la persévérance.

XVI

D. Pourquoi cela ?

R. Parce que la persévérance peut *seule* faire finir un travail commencé, et par suite donner naissance à l'instruction : qualité de l'esprit qui nous donne des éclaircissements sur quelque chose que ce soit ; permet d'utiliser le présent, le passé et l'avenir ; puis, enfin, procure au talent la gloire et aux vertus leurs couronnes.

XVII

D. En dehors de la persévérance, existe-t-il un sentiment instigateur qui nous soit également nécessaire dans le travail ?

R. Oui, le sentiment de l'émulation ; sentiment noble qui nous pousse à vouloir imiter et même surpasser, par des efforts louables et généreux, ce que l'on admire dans les autres. Seulement, en aucun cas, ce louable sentiment ne doit se changer en envie, car l'un mène à la gloire et l'autre à l'infâmie.

XVIII

D. Votre dernière observation est fort juste. Dites-nous, maintenant, quels sont les autres avantages que nous procure le travail ?

R. Ce sont les suivants : c'est que le travail est le père de toutes les vertus, comme l'oisiveté est la mère de tous les vices. L'un procure le plaisir, la considération, l'abondance et les aises ; l'autre, l'ennui, le mépris, la disette et la gêne. De plus, le travail manuel raisonnable est, pour le corps, ce que l'étude et l'application sont pour l'esprit ; l'un et l'autre fortifient celui qui les met en pratique et, de plus, le rendent capable des plus grandes choses. Conséquences heureuses qui doivent nous exciter tous au travail, soit manuel ou spirituel, pour peu que nous ayons conscience de nous-mêmes.

XIX

D. Quelle est la meilleure règle à suivre pour le travail manuel ?

R. Règle générale : par *vingt-quatre* heures nous devons *dix* heures au travail, *six* heures aux repas et à l'exercice, et *huit* heures au sommeil. C'est le meilleur régime à suivre pour quiconque désire remplir convenablement le but pour lequel la PROVIDENCE nous a placé sur cette terre.

XX

D. Définissez-nous, maintenant, le travail spirituel ?

R. Le travail spirituel, autrement dit l'étude, est l'application de l'esprit à un objet qu'on se propose de connaître. C'est le nerf de l'intelligence et la solide nourriture de l'esprit, ainsi que la principale cause de réussite dans tout travail manuel.

XXI

D. Qu'est-ce que l'étude élémentaire, spéciale et supérieure ?

R. L'étude élémentaire est le fondement des connaissances ; l'étude spéciale en est l'application et l'étude supérieure le perfectionnement.

XXII

D. Comment s'exprime l'auteur dramatique, Ernest Legouvé, en parlant du travail ?

R. Il s'exprime ainsi : DIEU nous a imposé de bien rudes épreuves sur cette terre ; mais il a créé le travail, tout est compensé. Les larmes les plus amères tarissent grâce à lui ; consolateur sérieux, il promet toujours moins qu'il ne donne ; plaisir sans pareil, il est encore le sel des autres plaisirs. C'est pourquoi DIEU l'a fait pour tout le monde ; malheureux et est à plaindre, celui qui n'a pas recours à lui...

XXIII

D. Qu'est-ce que la tempérance ?

R. La tempérance est une vertu morale qui règle nos passions et nos désirs, principalement nos désirs sensuels. De tout temps elle a été regardée comme le moyen le plus propre à procurer à toute Créature humaine la santé physique et la tranquillité spirituelle. C'est d'elle que découle la sobriété, qui elle-même, engendre la tempérance.

XXIV

D. Dites-nous en quoi consiste la sobriété ?

R. La sobriété consiste à ne prendre, dans le boire et le manger, que ce qu'il faut pour l'entretien de la vie. C'est la qualité opposée à la gourmandise et à l'ivrognerie, qui sont des vices ignobles, toujours très nuisibles à la santé de *l'homme*, tout en le rendant inférieur aux animaux eux-mêmes ; tandis que la sobriété la lui conserve, tout en le faisant infiniment supérieur auxdits animaux.

XXV

D. Qu'est-ce que l'ordre et quel est son avantage sur le désordre?

R. L'ordre est cette qualité qui consiste à bien arranger, à bien disposer les choses entre elles. Il a trois précieux avantages : il soulage la mémoire, ménage le temps et conserve les choses ; tandis que le désordre a trois pénibles inconvénients : l'ennui, l'impatience et la perte du temps. Pour pouvoir exister, l'ordre a forcément besoin de trois serviteurs : la *volonté, l'attention* et *l'adresse*. Le désordre a trois maitres : la *précipitation,* la *paresse* et *l'étourderie*.

XXVI

D. L'ordre peut-il devenir un défaut ?

R. Oui, quand il est poussé à l'excès, au point de devenir manie. Alors, dans ce cas, nous nous rendons ridicules et insupportables à tout le monde.

XXVII

D. En quoi consiste l'économie ?

R. L'économie est l'ordre dans le ménage, dans toutes les dépenses en général. Une chose inutile est toujours chère, quand bien même elle ne coûterait qu'une bagatelle.

XXVIII

D. Quels sont les avantages de l'ordre et de l'économie ?

R. C'est d'être la richesse du pauvre et le bonheur des grands ; aux uns, ils procurent l'abondance ; aux autres, ils conservent leur avoir et même l'augmentent, tout en leur procurant le suprême bonheur de pouvoir, de plus en plus, soulager l'indigence, et cela, par amour pour DIEU, qui, comme épreuve, a donné aux uns la misère et aux autres l'abondance. Heureux et mille fois heureux ceux qui ont le bonheur de le comprendre et d'agir en conséquence.

XXIX

D. Qu'est-ce que la patience, et en quoi diffère-t-elle de la modération ?

R. La patience est une vertu qui nous fait supporter les adversités de la vie humaine, avec modération, et sans murmure. C'est un des principaux attributs de la sagesse et de la bonté. Elle diffère de la modération, en ce que celle-ci est un état naturel et constant de l'âme ; tandis que la patience suppose, en tout temps, la présence d'un agent quelconque, à l'égard duquel il y a lutte.

XXX

D. Quel est le défaut qui lui est opposé et l'avantage qu'elle a sur lui ?

R. Le défaut qui lui est opposé est l'impatience, qui aigrit et aliène les cœurs ; tandis que la patience nous les attache ; de plus, elle nous fait éviter des désagréments quelquefois fort graves et fort pénibles, occasionnés habituellement par l'impatience.

XXXI

D. Quand la patience devient-elle le vrai courage et la véritable fermeté ?

R. Dans les vicissitudes ordinaires de la vie, la patience n'est pas autre chose que le vrai courage moral, qui nous aide à supporter tous les désagréments inhérents à la vie, sans nous plaindre et avec une entière résignation, c'est-à-dire sans ressentiments d'aucune espèce. Dans les grandes calamités, et les grandes souffrances, elle devient alors fermeté ou force d'âme, qui n'est autre que cette énergie, cette force morale qui nous rend capables de supporter sans nous plaindre, les souffrances et les revers les plus pénibles.

XXXII

D. Que pouvons-nous conclure de ce que vous venez de nous dire ?

R. La grande vérité suivante : c'est que la fermeté est le soutien de la faiblesse physique, comme le courage en est la force.

XXXIII

D. Pour nous aider à supporter le mal, soit physique, soit moral, que nous faut-il faire ?

R. Il nous faut regarder le mal en face, le bien voir, tel qu'il est dans son ensemble ; en explorer sans pitié pour nous-mêmes tous les détails, de peur que, lorsque le moment sera venu de nous mesurer avec lui, il ne nous surprenne par quelque douleur sur laquelle nous n'aurions pas compté, et, par suite, n'ébranle notre courage, en se présentant sous une forme imprévue. Rarement ces deux précautions manquent leur effet.

XXXIV

D. Quelles différences faites-vous entre le courage et la fermeté, moralement et physiquement parlant ?

R. C'est que les premiers subissent et ne produisent pas, éprouvent et ne font pas éprouver, sont la conséquence et non l'action.

XXXV

D. Donnez-nous, maintenant, la définition de la modération ?

R. La modération est cette vertu qui nous porte à garder une sage mesure en toutes choses, à ne désirer que ce que nous pouvons raisonnablement nous procurer, sans nuire à nous et à autrui. Sans doute, c'est un grand bonheur d'avoir ce que l'on désire, mais c'est un plus grand bonheur encore de savoir se contenter de ce que l'on a, ce qui fort souvent nous fait éviter des tourments plus ou moins pénibles.

XXXVI

D. Qu'appelle-t-on désintéressement ?

R. Le désintéressement est cette noble vertu dont la délicatesse, le dévouement et la générosité forment les nuances principales, et qui nous porte à faire de bonnes actions, pour le seul plaisir de les faire. Elle est d'autant plus sublime, qu'elle a pour but l'amour de DIEU.

XXXVII

D. Qu'est-ce que la discrétion ?

R. La discrétion est cette qualité qui nous porte à avoir de la réserve, de la retenue, de la prudence dans nos discours et dans nos actions, pour ne point blesser les bienséances. Elle est à l'âme, ce que la pudeur est au corps.

XXXVIII

D. Quelles sont les qualités de *l'homme* discret ?

R. Elles sont les suivantes : il ne dit jamais de bien de lui, ni du mal des autres ; il se contente d'écouter, de ne jamais rien dire de trop ; il se fait ensuite un devoir *inviolable* de ne jamais divulguer un secret qui lui a été confié, principalement lorsque cela peut nuire à quelqu'un ; il a horreur de l'indiscrétion, parce qu'il sait qu'elle ne peut que brouiller tout le monde et lui attirer l'antipathie générale.

XXXIX

D. Qu'est-ce que le silence et quel est son mérite ?

R. Le silence est l'état d'une personne prudente et modeste qui, n'ayant rien de sérieux à dire, sait se taire et s'abstient de parler. Dans ce cas, il donne un air sensé, distingué même. *Parler peu avec les autres et beaucoup avec nous-mêmes*, c'est le parti le plus avantageux que nous puissions prendre dans nos rapports avec nos semblables, toutes les fois qu'il n'y a pas nécessité d'agir autrement.

XL

D. Pourquoi cela ?

R. Parce que parler n'apprend rien ; c'est un exercice qui tout au plus rend familier les mots de la langue ; écouter, apprend quelque chose. Parler, c'est dépenser : écouter, c'est acquérir.

XLI

D. Qu'appelle-t-on modestie ?

R. La modestie est cette retenue que le sage possède, quand il pense ou parle de lui-même, sans l'empêcher cependant de sentir son propre mérite, dont elle est l'ornement.

XLII

D. Appartient-il à tout le monde d'être modeste ?

R. Non, il n'appartient pas à tout le monde d'être modeste, et la modestie est une fatuité ou une sottise, quand on n'a pas le mérite le plus éclatant.

XLIII

D. Mais alors, par quoi doit être remplacée la modestie ?

R. Dans ce cas, la modestie doit être remplacée par la simplicité.

XLIV

D. Qu'est-ce que la simplicité, et quel est son mérite?

R. La simplicité est une qualité qui, dans son acception morale, exprime la vérité d'un caractère naturel, plein d'innocence et de droiture ; qui ne connaît ni déguisement, ni raffinement, ni malice. Elle montre le caractère à découvert et part du cœur. Sans doute, il y a quelquefois dans la simplicité, de l'ignorance, de l'inexpérience, de la faiblesse d'esprit ; mais, à part ces inconvénients, elle a toujours quelque chose d'aimable, qui inspire toujours de la bienveillance et fait qu'elle est bien vue par tout le monde.

XLV

D. Qu'est-ce que l'amendement ?

R. L'amendement est la progression dans le mieux, tout en se corrigeant des défauts que l'on reconnaît avoir. Il n'y a pas de légèreté et encore moins de lâcheté, à revenir d'une erreur qu'on reconnaît et qu'on déteste ; il faut avouer ingénument qu'on a pas bien vu, qu'on s'est trompé. Persister, en pareil cas, c'est l'effet d'un sot orgueil qui inévitablement nous conduit à notre perte.

XLVJ

D. Pourquoi ?

R. Parce qu'il vient un temps où ils sont tellement enracinés, qu'il est presque impossible ensuite de pouvoir s'en défaire. Tel est un jeune plant qu'on arrache, avec facilité et même d'une seule main, la première année de sa plantation ; la seconde année, il faut mettre les deux mains, et encore est-ce avec beaucoup de peine qu'on réussit à l'arracher ; enfin, la troisième année, les racines du jeune plant se sont tellement fortifiées, qu'il ne nous est plus possible de pouvoir l'arracher avec les mains.

XLVII

D. En quoi consiste la fréquentation de la bonne compagnie ?

R. La fréquentation de la bonne compagnie consiste à n'avoir de relations fréquentes qu'avec des gens sages et honnêtes. Rien de plus propre, en effet, à rendre une âme honnête, à fixer ses incertitudes, à redresser ses mauvais penchants, que la fréquentation des gens de bien. Leurs discours, leur simple vue, ont une influence qui se fait sentir jusqu'au fond des cœurs et tient lieu de préceptes.

XLVIII

D. Pouvez-vous nous citer un proverbe à l'appui de ce que vous venez de nous dire ?

R. Je puis même en citer deux qui se valent l'un et l'autre. Le premier est celui-ci : « Dis-moi qui tu hantes je te dirai qui tu es » ; l'autre est le suivant : « On ne peut rester longtemps dans la boutique d'un parfumeur sans en emporter l'odeur. »

XLIX

D. Que devons-nous en déduire ?

R. Nous devons en déduire ceci : c'est qu'en fréquentant les *hommes* vicieux, on court risque de le devenir ; car il est peu de caractères qui soient assez fortement trempés, pour n'être pas entraînés. Si, par état, nous

sommes forcés d'avoir des rapports avec eux, il faut
agir, à leur égard, comme un médecin prudent qui se
munit d'un préservatif pour éviter la contagion. Les
premières impressions étant toujours les plus vives et
les plus dangereuses, on ne saurait trop tôt se tenir en
garde contre les dangers des mauvaises compagnies. Le
vice d'abord effarouche, mais sensiblement on se fami-
liarise avec lui, tant ses appâts sont séduisants. La vertu
est délaissée, les bons principes s'altèrent, et l'on arrive
tout vicié au bord du précipice, que l'on aperçoit lorsqu'il n'est plus temps de revenir sur ses pas.

L

D. Nous approuvons entièrement vos excellentes dé-
ductions. Dites-nous, maintenant, si tout en ne fréquentant que la bonne compagnie, l'on doit s'en tenir à
une seule?

R. Non, car dans ce cas, ce serait courir le risque de
se faire des préjugés. Mieux vaut en voir plusieurs, à
la condition de pouvoir les voir sans danger. En effet,
une conversation libre avec des personnes de pays différents, de sentiments divers, quand on peut les voir sans
danger, est très utile pour nous défaire d'une multitude
de faux jugements que nous avons formés, et pour nous
donner de plus justes idées des personnes et des choses...

LI

D. Qu'est-ce que la conscience?

R. La conscience est un sentiment sublime du bien et
du mal que DIEU a tracé, en traits ineffaçables, au fond
de notre cœur. Par son intermédiaire, *l'homme se rend*

témoignage à lui-même du bien et du mal qu'il a fait ou
qu'il voit faire. La conscience est le guide de *l'homme*,
elle est à l'âme ce que l'instinct est au corps ; elle nous
dit toujours si nous faisons bien ou mal : juge sévère et
même tribunal infaillible et sans appel, la voix secrète
de la conscience fait goûter au juste, une paix douce au
milieu des plus grandes afflictions, et cause, au coupable, des tourments cruels, dans le sein même de la joie
la plus vive et des plaisirs les plus sensibles.

LII

D. La conscience est-elle égale pour tous ?

R. Non, elle est plus ou moins éclairée pour chacun ;
car, comme la raison, elle est progressive. Seulement,
à celui qui veut l'écouter, elle se fait assez entendre à
chacun de nous, pour faciliter notre amélioration, dont
la conséquence absolument heureuse et inévitable en
même temps, nous procure une jouissance spirituelle
ineffable, en facilitant notre rapprochement de DIEU,
notre Père céleste à tous.

MORALE ENVERS AUTRUI

LIII

D. Donnez-nous la définition de la morale envers autrui ?

R. Cette définition, au point de vue général, peut se
faire de la manière suivante : c'est que les devoirs de
l'homme envers ses semblables se résument tous dans
l'amour du prochain ; c'est-à-dire la charité en pensées,
en paroles et en actions vis-à-vis de notre prochain.
L'amour du prochain, en effet, est une vertu fondamen-

tale du Christianisme, puisque toute la morale de Jésus-Christ est fondée sur deux lois : *Aimer DIEU par
dessus toutes choses et notre prochain comme nous-mêmes;*
précepte sublime qui devrait faire le fondement du Catho-
liscisme, comme il fait celui du *pur* Christianisme.

LIV

D. Espérons que le haut Clergé catholique finira par
le comprendre. Dites-nous, maintenant, si l'amour du
prochain est généralement bien compris de tout le
monde ?

R. Hélas ! non, malheureusement, et la raison en est
simple : c'est parce que la plupart croient que pour aimer le prochain, c'est assez d'aimer ses parents, ses
amis, ceux enfin de qui on attend quelque avantage, et
qu'on peut être indifférent pour les autres. Aimer de la
sorte, ce n'est pas aimer le prochain, c'est s'aimer soi-
même ; en un mot c'est de l'égoïsme, c'est-à-dire tout ce
qu'il y a de plus honteux et de plus regrettable.

LV

D. D'où vient une telle erreur dans la société !

R. Cette erreur vient de l'ignorance de trois choses :
1° on ne sait pas qui est le prochain qu'il faut aimer ;
2° pour quel motif il faut l'aimer ; 3° ni en quoi consiste
cet amour.

LVI

D. Faites-nous connaître le prochain qu'il faut aimer ?

R. Le prochain qu'il faut aimer : ce sont tous les *hommes*

3

pauvres et riches, bons et méchants, voir même nos ennemis et ceux qui nous font du mal ; car, dans ce cas, nous devons plutôt les plaindre que les blâmer, et cela pour un motif *purement* spirituel.

LVII

D. Quel est ce motif ?

R. Ce motif est le suivant : c'est qu'ils sont tous les *enfants* de DIEU, et que DIEU, qui est notre *Père commun*, veut que nous les aimions tous comme des frères, sous peine d'attirer sur nous son redoutable mécontentement, si nous avons le malheur d'y manquer. Ce devoir nous est d'autant plus indispensable, qu'il est destiné à faire un jour, le bonheur de notre espèce humaine sur cette terre ; comme il fait déjà le bonheur des *Élus* dans le ciel, unis tous ensemble par un amour sans tache.

LVIII

D. En quoi consiste l'amour du prochain ?

R. Cet amour consiste en trois actes de charité : la charité en *pensées*, en *paroles* et en *actions*. Voilà le véritable amour du prochain, la marque du bon Chrétien, du vrai sage, du vrai Spirite enfin, de quelque religion qu'il soit. Sans cet amour, il nous est impossible de pouvoir plaire à DIEU, qui *Seul* peut nous donner gloire et félicité.

LIX

D. Qu'est-ce que la charité en pensées ?

R. Elle n'est pas autre chose que la bienveillance, et consiste à souhaiter du bien à tous nos semblables ;

être véritablement affligé lorsqu'il leur arrive du mal; à considérer tous les *hommes*, même nos ennemis, comme des frères ; à penser avantageusement de tout le monde; à être indulgent pour les défauts d'autrui, et à lui pardonner sincèrement tous les torts qu'il peut avoir envers nous; à ne point envier ses richesses, ni ses prospérités, mais désirer, au contraire, partager ses souffrances et ses peines, afin de le soulager ; à aimer les bons à cause de leur vertu, les méchants afin qu'ils deviennent bons; souhaiter la persévérance aux premiers et la conversion aux autres. Enfin, si un *homme* est méchant et grand pécheur, nous devons haïr son péché, qui est l'ouvrage de *l'homme* ; mais il faut aimer sa personne, qui est l'œuvre de DIEU.

LX

D. Qu'entendez-vous par la charité en paroles ?

R. La charité en paroles n'est pas autre chose que la charité en pensées, mise verbalement en pratique. Elle consiste surtout à donner de bons conseils à tous nos semblables, dans le but de leur être utile ; à ne les reprendre, et cela toujours avec bienveillance et discrétion, que toutes les fois que cela peut également leur être utile ; à excuser les défauts d'autrui, autant que la prudence le permet ; à parler avantageusement de tout le monde, en faisant ressortir les qualités de chacun, tout en excusant ou cachant ses défauts, autant que possible, toutes les fois que cela ne peut nuire à autrui ; etc., etc.

LXI

D. Maintenant, faites-nous connaître la charité en actions ?

R. La charité en actions : c'est la charité en pensées et en paroles matérialisée. Elle consiste à faire, par amour pour DIEU d'abord, et par attachement pour le prochain ensuite, du bien à tout le monde ; à donner à autrui tout ce dont il a besoin, et cela autant que nos moyens nous le permettent ; à assister enfin notre prochain dans ses nécessités, par des libéralités, par de fréquentes aumônes, qui cependant ne doivent jamais être exagérées, car cela pourrait exciter les malheureux à mal faire, autrement dit à en abuser.

LXII

D. Quelle conclusion devons-nous déduire de la charité en pensées, en paroles et en actions ?

R. La suivante : c'est qu'une telle charité consiste à faire à autrui, par attachement pour lui, mais *avant tout* par amour pour DIEU, tout ce que raisonnablement nous voudrions qui nous fût fait à *nous-mêmes*. En cela consiste toute la loi de charité.

LXIII

D. Faites-nous connaître, maintenant, la nomenclature des différents devoirs de *l'homme* envers ses semblables ?

R. Cette nomenclature est la suivante : Bonté — Bienveillance — Bienfaisance — Générosité — Indulgence — Clémence — Reconnaissance — Dévouement — Affabilité — Politesse — Justice et Probité — Sincérité — Fidélité — Amitié.

LXIV

D. Qu'est-ce que la bonté ?

R. La bonté est cette qualité morale qui porte à faire le bien, à être doux, complaisant, humain, affable, etc., envers autrui ; en un mot, qui porte à faire, autant qu'il est possible, ce qui est utile et agréable aux autres. Une remarque à faire ici : c'est que l'hypocrite qui veut se cacher sous le masque de la bonté, n'est pas longtemps à se trahir. Comment pourrait-il, en effet, soutenir constamment et avec tout le monde, un rôle qui exige de la complaisance, de l'indulgence, de l'aménité, de la complaisance ? Or, la base et le r umé de toutes ces vertus, c'est la bonté.

LXV

D. La bonté est-elle une qualité naturelle ; puis, ensuite, peut-elle s'acquérir ?

R. Oui, généralement la bonté est une qualité naturelle qui pour ainsi dire, est innée en nous, étant plus ou moins active chez chacun. Cependant, il arrive quelquefois que quelques-uns en sont presque totalement dépourvus. Dans ce cas, la bonne éducation, dans la très grande majorité des cas, suffit presque toujours pour leur inspirer la ferme volonté d'être bienveillants et charitables ; deux qualités qui sont la base de la bonté. De là la conclusion naturelle qu'elle peut s'acquérir.

LXVI

D. La véritable bonté doit-elle s'étendre en dehors de notre humanité ?

R. Oui, elle doit s'étendre jusqu'aux animaux ; celui

qui ne compatit pas à leurs souffrances n'est pas véritablement bon. En effet, les animaux sont des créatures
de DIEU, qui ressentent la douleur physique aussi cruellement que nous-mêmes ; refuser, dans ce cas, de com-
patir à leurs souffrances, ne peut donc être que l'effet
d'un sentiment méchant et cruel.

LXVII

D. Qu'est-ce que la bienveillance ?

La bienveillance est le sentiment qui nous porte à
vouloir du bien à nos semblables, qui nous rend sensibles à leurs peines, à leurs embarras, et nous dispose à
chercher les moyens de les en tirer. Il n'est pas toujours
possible de faire des sacrifices pour soulager ceux qui
souffrent, mais du moins on peut toujours les consoler,
en leur témoignant un vif intérêt et une douce sympathie.

LXVIII

D. Quelle est l'utilité de la bienveillance ?

R. C'est d'être nécessaire à l'existence, à l'harmonie
du corps social. Sans la bienveillance, le monde ne saurait être gouverné, et les *hommes* se heurteraient sans
cesse de tout le poids de leur égoïsme et de leur personnalité.

LXIX

D. A quoi reconnaît-on la bienveillance ?

R. A son expression naturelle qui se manifeste par
des signes extérieurs que personne ne peut méconnaître.
Le charme de sa relation imprime à tous les traits du
visage, la plus agréable sérénité ; les yeux s'animent, le

front se dilate, le visage se colore, les lèvres s'entrou-
vent, les muscles des joues se contractent avec autant
de grâce que de douceur, la physionomie s'épanouit pour
exprimer la joie et le contentement de l'âme.

LXX

D. La bienveillance peut-elle se confondre avec la politesse ?

R. Non, car cette dernière est souvent haute et froide.
Sans doute son attention continuelle porte à plaire,
mais ses manifestations n'ont rien d'encourageant, de
tendre et de caressant; qualités qui distinguent surtout
la bienveillance.

LXXI

D. Donnez-nous, maintenant, la définition de la bienfaisance ?

R. La bienfaisance est cette vertu sublime qui nous
porte, par amour pour DIEU d'abord et par attachement
pour notre prochain ensuite, à venir au secours de nos
semblables, en leur procurant, autant que nous le pouvons, ce dont ils ont besoin. C'est la plus grande des
vertus que DIEU nous recommande, c'est aussi celle qui
fait pardonner le plus de péchés.

LXXII

D. La personne la plus bienfaisante, est-elle celle qui
donne le plus ?

R. Physiquement, oui ; moralement, non, et la raison
en est simple : c'est parce que la véritable bienfaisance
consiste dans cette délicatesse, ce respect pour le mal-

heur qui doublent le bienfait et ennoblissent le bienfaiteur. Nous ne devons jamais oublier que celui qui reçoit est, par la nature, l'égal de celui qui donne ; que tout secours qui entraîne la dépendance, n'est pas un don, mais un marché, et que s'il humilie, il devient une injure. En aucun temps, nous devons donner pour nous débarrasser de la vue de la misère, mais bien pour nous procurer le plaisir de soulager nos semblables, autant que nous voudrions raisonnablement être soulagés nous-mêmes, si nous nous trouvions en semblable position. En cela, seulement, consiste la véritable bienfaisance, la plus méritoire auprès de DIEU, notre Père *céleste* à tous, Seul Créateur et Seul Dispensateur de toutes choses.

LXXIII

D. Quelle est la meilleure épitaphe qui convient à toute personne véritablement bienfaisante ?

R. La suivante : « Elle avait transporté ses biens dans le ciel, elle est allée en prendre possession. »

LXXIV

D. Qu'est-ce que la générosité ?

R. La générosité est cette grandeur d'âme, cet élan du cœur, cette noblesse de caractère qui nous portent à donner, volontairement et avec un grand désintéressement, à autrui ce dont il a besoin ; elle est le propre des grandes âmes. *L'homme* généreux qui oblige même des ingrats et qui se venge par des bienfaits, ressent un rayon divin qui descend dans son cœur, pour lui causer un genre de félicité qui ne ressemble pas plus à tout ce que nous revêtons de ce nom, que la vie spirituelle ne ressemble à la vie corporelle.

LXXV

D. La générosité a-t-elle quelque rapport avec la charité ?

R. Oui, comme cette dernière, elle peut être morale et matérielle. Comme pour la charité, la générosité purement morale ne connaît pas de limite, on peut toujours en reculer les bornes, on ne les dépasse jamais ; tandis que la générosité matérielle doit se borner à ne donner que le nécessaire, car, dans le cas contraire, l'on se rend coupable. La raison en est simple : c'est parce que donner à l'un plus qu'il n'a besoin, c'est frustrer les autres de ce qui leur est dû.

LXXVI

D. Maintenant, qu'est-ce que l'indulgence ?

R. L'indulgence est cette propension naturelle, cette facilité à pardonner, à excuser, à pailler les fautes et les défauts d'autrui. C'est une qualité précieuse qui donne des charmes à l'autorité, et rend les supérieurs chers à leurs subordonnés. Le vrai sage est toujours sévère pour lui-même et indulgent pour les autres.

LXXVII

D. Pouvez-vous nous citer un quatrain, qui nous fasse comprendre l'utilité de l'indulgence ?

R. Oui, le suivant :

« Sévères pour nous seuls, indulgents pour autrui,
« Supportons sans humeur tous les défauts des autres ;
« Il faut, si nous voulons le pardon pour les nôtres,
« Pour l'obtenir demain, l'accorder aujourd'hui, »

LXXVIII

D. Qu'est-ce que la clémence ?

R. La clémence est cette vertu qui nous porte à pardonner et oublier des injures réelles et vivement senties, dont on pourrait tirer une vengeance légitime. Elle procure toujours le calme et la tranquillité d'âme à celui qui la met en pratique et lui attire, en même temps, la bienveillance universelle.

LXXIX

D. Qu'est la clémence, employée dans un sens plus élevé ?

R. Employée dans un sens plus élevé, la clémence est une vertu qui porte un supérieur à pardonner les offenses de ses inférieurs, ou à modérer les châtiments qui leur ont été infligés. Dans ce cas, de tous temps, elle a été regardée comme le plus bel apanage des princes et des souverains qui ont eu le bonheur de la mettre en pratique.

LXXX

D. Quel est le défaut opposé à la clémence ?

R. C'est la vengeance, qui peut être de deux sortes : instinctive et brutale, intelligente et morale.

LXXXI

D. Faites-nous connaître ces deux sortes de vengeance !

R. La première rend le mal pour le mal ; la seconde rend le bien pour le mal ; cette dernière est une vertu,

la première n'est qu'une passion. L'une détruit, l'autre
féconde ; la seconde, enfin, élève l'âme et rend heureux;
la première n'engendre que mauvais sentiments et rend
malheureux. Maintenant, c'est à nous de choisir.

LXXXII

D. Quelle est l'opinion du chansonnier Panard sur la
vengeance ?

R. Celle-ci :

> Si quelqu'un nous blesse et nous nuit,
> Quelque grande que soit l'offense,
> Laissons l'espace d'une nuit
> Entre l'*injure* et la *vengeance* :
> L'aurore à nos yeux rend moins noir
> Le mal qu'on nous a fait la veille ;
> Et tel qui s'est vengé le soir
> En est fâché lorsqu'il s'éveille.

LXXXIII

D. Donnez-nous la définition de la reconnaissance ?

R. La reconnaissance est un sentiment qui attache au
bienfaiteur, avec le désir de lui prouver ce sentiment
par des effets, ou du moins, par un aveu du bienfait
qu'on publie avec plaisir, dans les occasions qu'on fait
naître avec ardeur ou qu'on saisit avec soin.

LXXXIV

D. Quelle est la convention tacite qui doit exister entre le bienfaiteur et l'obligé ?

R. La suivante : c'est que l'un doit oublier sur-le-
champ le service qu'il a rendu, et l'autre s'en souvenir

toujours. Aussi, pouvons-nous dire que la reconnaissance est la mémoire du cœur.

LXXXV

D. Qu'est-ce que le dévouement ?

R. Le dévoûment est cette qualité qui nous porte à
nous exposer à un grand danger, même à sacrifier notre
vie, soit par humanité, soit par patriotisme. C'est encore la disposition où l'on est de servir quelqu'un, aban-
donnement que l'on fait de soi-même, de sa volonté à
la personne et à la volonté d'un autre. C'est la bonté
portée à ses dernières limites.

LXXXVI

D. Existe-t-il deux sortes de dévoûment, et que sont-
ils ?

R. Oui, il existe deux sortes de dévoûment, qui sont
instinctif ou *raisonné*. Le premier, se produit instanta-
nément, sans réflexion aucune ; le second est quelque
temps sans se produire et est toujours la conséquence
du raisonnement. Le premier, enfin, agit presque toujours sans se rendre bien compte de l'action qu'il accom-
plit ; chez lui, le cœur précède la raison. Le second, au
contraire, agit toujours après une réflexion plus ou
moins longue ; c'est la raison qui précède le cœur. L'un
et l'autre sont également admirables, et absolument di-
gnes de la plus grande estime de tous, sans exception.

LXXXVII

D. Donnez-nous maintenant, la définition de l'affabilité ?

R. L'affabilité est ce caractère de douceur, de bonté, de bienveillance qui se manifeste dans la manière de converser avec ses inférieurs, de les recevoir, de les écouter, d'agir avec eux. Cette qualité donne toujours une bonne idée de ceux qui en sont doués, et inspire de la confiance à ceux qui en sont l'objet.

LXXXVIII

D. L'affabilité est-elle de rigueur envers nos serviteurs ?

R. Sans aucun doute, car l'extrême différence qui existe entre eux et nous, est pour nous une épreuve qui nous impose d'impérieux devoirs bienveillants et fraternels. Aussi, ne devons-nous jamais leur faire sentir injustement leur état; car rien n'est aussi bas que d'être haut avec ceux qui nous sont soumis.

LXXXIX

D. Quand nous les reprenons, nous devons donc le faire sans aigreur?

R. Nous devons d'autant plus les reprendre sans aigreur, que nous ne pouvons pas vouloir nos serviteurs sans défauts, du moment que nous leur en montrons tous les jours. De là, nous devons en conclure, que puisque nous ne sommes pas nous-mêmes sans défauts, la justice nous fait un devoir obligatoire de souffrir ceux de nos serviteurs.

XC

D. Qu'est-ce que la politesse?

R. La politesse est la pratique de tous les égards, soit en action, soit en paroles, que l'on se doit réciproquement dans la société. Elle est l'attention continuelle qui porte à plaire, et se manifeste sans aucune affectation, par l'observation soutenue des usages généralement adoptés. Aussi, est-elle l'élément de toute bonne société et, en même temps, la marque distinctive de tout *homme* bien élevé.

XCI

D. En quoi la politesse diffère-t-elle de la civilité?

R. Elle diffère de la civilité, en ce sens que *l'homme* poli est toujours civil; tandis que *l'homme* civil n'est pas toujours poli. La raison en est simple : c'est parceque la politesse est dans l'esprit et dans le caractère, qu'elle est le fruit d'une bonne éducation, d'un commerce habituel avec des gens bien élevés; tandis que la civilité n'est que dans le maintien, dans le témoignage extérieur de certaines déférences, de certains égards que l'on croit devoir aux autres, et surtout à ceux que l'on regarde comme au-dessus de soi. La politesse n'est jamais cérémonieuse; tandis que la civilité l'est toujours. La première nous met à notre aise, la seconde nous gêne et nous fatigue.

XCII

D. Qu'est-ce que la justice et la probité ?

R. La justice est cette vertu qui fait que l'on rend à chacun ce qui lui appartient; qu'on respecte tous les droits d'autrui, quels qu'ils soient. Mère de l'ordre public et de l'ordre privé, elle est l'image de la DIVINITÉ sur la terre. C'est d'elle que découle la probité, vertu esclave de toute justice, et tellement délicate qu'elle s'effarouche même de l'ombre d'un soupçon.

XCIII

D. La justice doit-elle s'étendre en dehors de notre humanité ?

R. Oui, si nous voulons être absolument justes. Ainsi, par exemple, nous devons toujours caresser et récompenser tout animal qui nous rend service, si nous ne voulons pas commettre une injustice, qui nous rend plus ou moins coupable. Puis, ensuite, comme nous sommes forcés de reconnaître que les animaux sont moins responsables que nous-mêmes de leurs actes, nous devons toujours, tant qu'il n'y a pas danger pour nous, être bons et bienfaisants pour eux tous. Puis encore, pour les amener à l'obéissance, nous ne devons jamais employer la rigueur, du moins autant que possible.

XCIV

D. Nous rendons-nous coupables, en exigeant d'eux un service exagéré ?

R. Sans aucun doute. Aussi, pouvons-nous dire en toute vérité : sont véritablement à plaindre ceux qui ont le malheur de les maltraiter, en leur imposant un service au-dessus de leurs forces ; comme cela arrive à trop de malheureux charretiers qui, dans ce cas, se rendent plus brutes que les animaux eux-mêmes.

XCV

D. Qu'est-ce que la sincérité ?

R. La sincérité est une qualité qui empêche de parler autrement qu'on ne pense. Qualité des plus naturelles chez toute Créature humaine, elle naît spontanément dans le cœur et reste trop souvent sur les lèvres,

XCVI

D. Quel est l'avantage de la sincérité sur le mensonge !

R. Le suivant : c'est que lorsqu'un *homme* a la réputation d'être sincère, on jurerait sur sa parole qu! a, dans ce cas, toute l'autorité d'un serment ; tandis que l'on ne croit plus le menteur, même lorsqu'il dit la vérité. C'est qu'il en est du mensonge, comme d'une plaie qui laisse une cicatrice après elle.

XCVII

D. Existe-t-il plusieurs degrés dans le manque de sincérité, autrement dit le mensonge ?

R. Tout naturellement. Ainsi, par exemple, le mensonge peut être conscient ou inconscient : conscient, il s'appelle *duplicité, mensonge, fourberie;* inconscient, il ne trompe les autres qu'en se trompant le premier : il est à cet état, l'essence de la *légèreté,* de *l'esprit de parti,* du *fanatisme.* Dans les deux cas, le manque de sincérité n'a que des conséquences déplorables, qui ne peuvent que nous nuire. Puis, ensuite, il peut être inoffensif ou nuisible. Dans le premier cas, le mensonge offre peu d'inconvénient ; dans le second cas, au contraire, il est on ne peut plus coupable, quand il doit nuire à autrui, et devient une vertu, s'il ne doit nuire qu'à nous-mêmes, dans l'intérêt d'autrui.

XCVIII

D. Donnez-nous la définition de la fidélité ?

R. La fidélité est cette qualité qui consiste à remplir

avec exactitude tous nos engagements quels qu'ils soient, et à avoir beaucoup de constance dans nos amitiés. C'est le fondement le plus solide des rapports particuliers, des rapports internationaux et des grandes transactions sociales ; de plus, elle engendre la confiance et fortifie l'amitié.

XCIX

D. Cette vertu est-elle très-pratiquée sur notre terre ?

R. Hélas ! non.

C

D. A quoi cela tient-il !

R. A bien des causes différentes et qui sont dues : soit à la mauvaise foi de celui qui promet (ce qui, alors, devient un cas excessivement regrettable pour le coupable), soit à la légèreté de notre caractère, soit encore au trop grand épanchement du cœur humain, qui, lorsque sa sensibilité est mise en jeu, promet souvent plus qu'il ne peut tenir. Alors, dans ce dernier cas, l'infidélité à sa promesse peut, jusqu'à un certain point, trouver une excuse plus ou moins valable, mais cependant jamais complète.

CI

D. Pourquoi ?

R. Parce que nous ne devons jamais promettre, sans avoir très longuement réfléchi ; précaution que, rarement, prennent la plupart d'entre nous, ce qui est véritablement regrettable.

CII

D. De tous nos devoirs envers autrui, il ne nous reste plus que l'amitié. Donnez-nous-en la définition.

R. L'amitié est ce tendre et vertueux attachement que

deux personnes éprouvent l'une pour l'autre; affection ordinairement réciproque, elle naît d'un heureux rapport de l'humeur, des goûts et de l'esprit. C'est l'amour dans ce qu'il y a de plus saint et de plus exquis; c'est un amour moral.

CIII

D. L'amitié a-t-elle un très grand mérite?

R. Oui, certainement. L'on peut même dire qu'elle est un des plus beaux présents que la DIVINITÉ nous ait faits, car elle nous console et nous soutient dans tous nos chagrins; de plus, elle nous rend même heureux, quand nous paraissons le plus à plaindre.

CIV

D. L'amitié cherche-t-elle l'égalité?

R. Non, mais elle l'a produit, toutes les fois qu'elle est sincère. Dans ce cas, elle met tout en commun entre les amis : la fortune, les qualités de l'esprit, les sentiments du cœur, etc.

CV

D. L'amitié dure-t-elle toujours?

R. Le cas en est fort rare : car, fort souvent, les intérêts et les passions viennent à l'encontre et brisent des liens qu'on croyait durables. L'amitié est le mariage des âmes, et ce mariage est sujet au divorce. Trop souvent les âmes se retirent en arrière, avec le même empressement qu'elles avaient mis à s'embrasser, et l'amitié se tourne en haine.

CVI

D. Devons-nous en conclure, que l'on doit se comporter avec un ami comme avec un ennemi ?

R. Non sans doute ; mais il faut en conclure que l'on doit se donner rarement d'une manière entière et complète, autrement dit hésiter longtemps avant de se livrer. Une fois le cœur ouvert, il est trop tard pour se rétracter, car on ne juge pas un ami, on le supporte tel qu'il est ; et, si l'on pouvait aimer un vicieux, on serait bien près d'aimer le vice.

CVII

D. Que faut-il à l'amitié pour être durable ?

R. Il faut qu'elle soit honnête et vertueuse. C'est pour cela que Plutarque a dit : « Que la monnaie de l'amitié, c'est la bienveillance et les plaisirs joints à la vertu. » En effet, la vertu *seule* peut donner à l'amitié une base ébranlable et faire les vrais amis. L'*homme* de bien est seul en droit de compter sur le cœur de *l'homme* qui lui ressemble.

CVIII

D. Quelle conclusion en tirer ?

S. La suivante : c'est que les méchants n'ont que des complices, les voluptueux ont des compagnons de débauche, les politiques des associés dans les factions, les *princes* ont des courtisans, les *hommes* vertueux sont les *seuls* qui aient des amis.

MORALE SOCIALE

CIX

D. Donnez-nous la définition de la morale sociale ?

R. Cette définition est la suivante : DIEU a fait l'*homme*
(1) pour vivre en société, car, sans aucun doute, il ne
lui a pas donné inutilement la parole et toutes les autres
facultés de la vie de relation. D'après cela, nous devons
en conclure : que la vie de société ou vie sociale est une
loi de nature, autrement dit *obligatoire* pour toute Créature humaine.

CX

D. *L'homme* qui fuit la société, se rend donc coupable ?

R. Oui, celui qui, par égoïsme, cherche à s'isoler
complètement, est toujours très coupable devant DIEU,
parcequ'il se fait une vie inutile pour ses semblables,
ce qui est déjà une grande faute ; puis ensuite, parce que
c'est par l'union sociale que l'*homme* peut s'améliorer
et progresser, car alors les plus avancés aident aux autres ; tandis que par l'isolement complet, il ne peut que
s'abrutir et s'étioler, ce qui est contraire à la loi naturelle du progrès, qui ne peut aucunement être mise en
doute, et en même temps contraire à son propre intérêt
comme amélioration.

CXI

D. Les liens de famille font-ils partie de la morale sociale et que désigne le mot famille ?

---

(1) Se rappeler notre renvoi de la page 2, de ce volume.

R. Oui, ils en sont même la base. Quant au mot famille, il désigne une réunion plus ou moins nombreuse
de personnes, qui peuvent être comparées à des ra-
meaux partant de la même souche, et qui dans leur intérêt, doivent contribuer à maintenir entre elles l'union
nécessaire à la conservation et au bonheur du tout dont
ils font partie.

CXII

D. Les liens de famille existent-ils également parmi
les animaux ?

R. Naturellement, mais cependant aucunement de la
même manière. Les animaux ne vivant que de la vie
matérielle et non de la vie morale, il s'ensuit que toute
la tendresse de la mère pour ses petits, a purement pour
principe l'instinct de conservation des êtres auxquels
elle a donné le jour. Quand ces êtres peuvent se suffire à
eux-mêmes, sa tâche est remplie, la nature ne lui en demande pas davantage ; c'est pourquoi elle les abandonne
pour s'occuper des nouveaux venus.

CXIII

D. D'après cela, la morale sociale n'existerait donc
pas parmi les animaux.

R. Non certainement, ou, si elle existe, elle ne peut
aucunement exister comme dans notre humanité.

CXIV

D. Pourquoi ?

R. La raison en est simple et naturelle : c'est parce
que les Créatures humaines, vivant infiniment plus de
la vie spirituelle et morale que de la vie matérielle (du

moins le plus grand nombre), il y a chez elles autre chose que des besoins physiques, il y a nécessité du progrès intellectuel et moral ; mais les liens sociaux sont nécessaires à ce progrès, et les liens de famille resserrent les liens sociaux. C'est pourquoi les liens de famille, dans l'humanité, sont indissolubles et qu'ils se fortifient de plus en plus, au lieu de se rompre comme chez les animaux.

CXV

D. Dites-nous, maintenant, si dans notre humanité il existe deux sortes de famille ?

R. Oui, dans notre humanité, il existe en effet deux sortes de famille : la famille matérielle, dont nous avons déjà donné la définition, et puis ensuite la famille spirituelle.

CXVI

D. Donnez-nous la définition de la famille spirituelle !

R. La famille spirituelle (la plus importante naturellement) comprend toutes les Créatures humaines et spirituelles qui existent dans l'immensité ; elle fait de notre humanité terrestre (comme des humanités universellement répandues à l'infini dans les espaces sans fin) une seule et même famille dont tous les Membres sont frères, du moment que tous ont le même Père *céleste*, qui est DIEU, ainsi que nous l'enseignent notre raison et notre conscience, et que l'ont enseigné en tout temps, les sages de toutes les époques.

CXVII

D. Est-ce que sur notre terre, les liens de familles sont inaltérables ?

R. Hélas ! non, malheureusement. C'est même, chose triste à dire, un motif de brouille et de désunion, et la raison en est simple, toute regrettable qu'elle est : c'est parce que l'amitié entre les Membres d'une même famille, comme entre les nations entre elles, est plutôt intéressée et matérielle que spirituelle ; inconvénient fort grave pour le bonheur de tous, que nous ne pouvons attribuer qu'à l'infériorité de notre globe terrestre, hiérarchiquement parlant.

CXVIII

D. Quel est le meilleur remède pour obvier en partie, à un inconvénient aussi regrettable?

R. Sans aucun doute, l'instruction obligatoire comme notre *bien-aimée* RÉPUBLIQUE FRANÇAISE l'a tout nouvellement établie dans notre beau pays de France, y compris l'Algérie et ses colonies. En effet, ce ne peut être que la pure et véritable instruction qui, dans un temps plus ou moins rapproché, pourra améliorer une telle défectuosité, des plus regrettables pour notre humanité terrestre.

CXIX

D. Dites-nous maintenant, quel est le plus grand des devoirs civils que nous impose la morale sociale ?

R. C'est celui qui consiste à accomplir consciencieusement tous les devoirs sacrés que nous impose notre bien aimé et précieux titre d'*électeur*. Parmi ces devoirs, le plus important consiste à exercer scrupuleusement notre droit d'électeur, toutes les fois que l'occasion s'en présente : dans le cas contraire (à moins qu'il y ait impossibilité absolue pour nous de pouvoir l'accomplir), on devient un *transfuge* plus ou moins coupable, ce qui est peu honorable.

CXX

D. Ce dernier devoir surtout, est donc *obligatoire* pour tous?

R. Parfaitement.

CXXI

D. Pouvez-vous nous en donner des preuves convaincantes?

R. C'est facile. Pour cela, il me suffira de citer les différents articles de la loi d'organisation des Pouvoirs publics, portant le nom de CONSTITUTION.

CXXII

D. Ces articles sont-ils nombreux?

R. Oui, fort nombreux même; mais, naturellement, tous ne sont pas également importants.

CXXIII

D. Quel est le nombre des plus importants?

R. Ce nombre est de *huit* environ.

CXXIV

D. Que dit le premier article?

R. Le premier article fait connaître que le *Pouvoir législatif* doit être exercé par deux Assemblées, la Chambre des députés et le Sénat.

CXXV

D. Par qui est nommée la première Assemblée et quelle est l'importance de cette nomination ?

R. La première Assemblée, appelée *Corps législatif*, est nommée par le *suffrage universel*, dans les conditions déterminées par la Loi électorale. Cette nomination est d'autant plus importante, que c'est elle qui désigne ceux qui doivent être chargés de voter les Lois organiques, qui intéressent essentiellement tout le monde. Il est donc formellement indispensable que les Électeurs *s'entendent* et *s'unissent* pour faire passer (lorsqu'ils ont à voter pour la nomination générale ou partielle de ses Membres) ceux qui ont leur confiance et leur sympathie ; sans quoi, ils manquent à leur mission et se rendent indignes du droit sacré qui leur est accordé.

CXXVI

D. Dites-nous, maintenant, par qui est nommé le Sénat et quelles sont ses attributions ?

S. Le Sénat, se composant de *trois cents* Membres, a *deux cent vingt-cinq* Membres qui sont élus dans les Départements et les Colonies par l'intermédiaire du suffrage à deux degrés, et *soixante-quinze* Membres, par l'Assemblée nationale ou Chambre des Députés, lesquels sont *inamovibles*. — Quant aux attributions du Sénat, elles consistent concurremment avec la Chambre des Députés, à confectionner les lois. De plus, le Sénat peut être constitué en Cour de Justice, pour juger : soit le Président de la République, soit les Ministres, pour attentat commis contre la sûreté de l'État.

CXXVII

D. Faites-nous connaître, maintenant, ce que dit le deuxième article?

R. Cet article, d'une importance exceptionnelle, dit que le Président de la République est élu à la pluralité absolue des suffrages, par le Sénat et par la Chambre des Députés réunis en Assemblée nationale. Il est nommé pour *sept ans* et est *rééligible*.

CXXVIII

D. Le troisième article que dit-il?

R. Cet article dit : le Président de la République a l'initiative des lois concurremment avec les Membres des deux Chambres ; il promulgue les lois, lorsqu'elles ont été votées par les deux Chambres en question, et en surveille et en assure l'exécution. — Il a le droit de faire grâce, mais les amnisties ne peuvent être accordées que par une loi. — Il dispose de la force armée. Il nomme à tous les emplois civils et militaires. — Il préside aux Solennités nationales ; les Envoyés et les Ambassadeurs des Puissances étrangères sont accrédités auprès de lui. — Chacun des actes du Président de la République doit être contre-signé par un Ministre, etc..

CXXIX

D. Que dit le quatrième article?

R. Le quatrième article dit ceci : au fur et à mesure des vacances, le Président de la République nomme, en Conseil des Ministres, les Conseillers d'État en service ordinaire. Les Conseillers d'État ainsi nommés (1), ne peuvent être révoqués que par décision prise en Conseil des Ministres. Les Conseillers d'État nommés en vertu de la loi du 14 mai 1874, ne peuvent être révoqués que dans la forme déterminée par cette loi. — Après la séparation de l'Assemblée nationale, toute révocation de ce genre ne pourra être prononcée que par le Sénat.

CXXX

D. Maintenant le cinquième ?

R. Cet article dit que le Président de la République peut, sur l'avis conforme du Sénat, dissoudre la Chambre des Députés avant l'expiration de son mandat. Dans ce cas, les Colléges électoraux doivent être convoqués pour de nouvelles élections dans le délai de *trois mois*.

CXXXI

D. Le sixième ?

R. Ce sixième article dit que les Ministres sont solidairement responsables devant les Chambres, de la politique générale du Gouvernement et individuellement de leurs actes personnels. Le Président de la République n'est responsable que dans le cas de trahison.

CXXXII

D. Le septième ?

R. Cet article dit : en cas de vacance par décès ou par

---

(1) Le Conseil d'État, le premier et le plus important des *Conseils administratifs*, est chargé de préparer les lois, de rédiger les décrets et règlements d'administration, de donner son avis sur tout ce qui intéresse l'administration générale du pays, et de juger les affaires contentieuses dont les lois réservent la connaissance à ladite administration générale.

toute autre cause, les deux Chambres procèdent immédiatement à la nomination du Président de la République. Dans l'intervalle, le Conseil des Ministres est investi du *Pouvoir exécutif*.

CXXXIII

D. Enfin le dernier article, le huitième?

R. Ce dernier article fait connaître que les deux Chambres auront le droit, par délibérations séparées, prises dans chacune à la majorité absolue des voix, soit spontanément, soit sur la demande du Président de la République, de déclarer qu'il y a lieu de réviser les Lois constitutionnelles. — Après que chacune des deux Chambres aura pris cette résolution, elles se réuniront en Assemblée nationale pour procéder à la révision. — Les délibérations portant révision des Lois constitutionnelles, en tout ou en partie, devront être prises à la majorité absolue des Membres composant l'Assemblée nationale, etc.

CXXXIV

D. N'y a-t-il pas un autre article, qui est également très important?

R. Oui, c'est celui qui désigne que le siège du Pouvoir exécutif et des deux Chambres est à Paris, et non plus à Versailles, ce qui devint un non-sens aussitôt que la tranquillité a été rétablie; lequel article est la conséquence d'une révision faite par les deux chambres réunies en Congrès à Versailles, dans le courant du mois de juillet 1879.

CXXXV

D. D' nez-nous maintenant, la définition du Gouvernement   ublicain?

R. C'est celui qui ne s'exerce pas par un roi ou par un empereur, c'est-à-dire par un chef, maître héréditaire du peuple (ce qui est un véritable non sens), mais par le peuple, Souverain lui-même par sa qualité d'Elec teur ; titre qui lui donne le pouvoir, ainsi que nous l'avons déjà dit, d'éliminer du Gouvernement ceux qui, malgré les engagements qu'ils ont pris dans l'intérêt de leur élection, défendent mal ses intérêts, et de maintenir, au contraire, ceux qui tiennent loyalement leurs dits engagements.

CXXXVI

D. Cette forme de Gouvernement est donc la meilleure ?

R. Oui, c'est la meilleure que puisse se choisir une Nation qui a souci de sa liberté, de ses intérêts et de son bonheur.

CXXXVII

D. La République at-elle encore d'autres qualités ?

R. Oui, et la principale de toutes est la suivante : c'est que la République est le Gouvernement économique par excellence. Avec elle, plus de gros traitements, plus de liste civile, plus de rois, plus d'empereurs à nourrir et à entretenir, ainsi que leur famille ; *bénéfice net* : plus de DEUX CENTS MILLIONS par an.

CXXXIII

D. Pouvez-vous nous donner d'autres preuves, que la République est infiniment préférable à la Monarchie et à l'Empire ?

R. Rien n'est plus facile. Pour cela, il nous suffira

de faire connaître quels sont les principes des Monarchie et des Empires, lesquels sont les suivants : domination des empereurs; asservissement des pauvres par les riches; faveurs, privilèges arbitraires, gros budgets, corruption, etc., etc. *En conséquence* : servitude des gouvernés, inégalité des citoyens, augmentation des impôts; en un mot, misère et mécontentement du peuple, dégradé et corrompu. D'après cela, nous pouvons dire que la République est préférable à la Monarchie et à l'Empire, autant que l'or est préférable à l'argile ; autant que la justice est préférable à l'injustice; autant, enfin, que la liberté est préférable à l'esclavage.

CXXXIX

D. La République a cependant des ennemis nombreux ?

R. Oui, mais ce sont toujours les mêmes : ce sont les amis des Monarchies, des privilèges, de la dîme, de la corvée; ce sont les ambitieux qui veulent dominer; ce sont les mangeurs de budget qui sollicitent, pour eux et leurs amis, des places et de gros traitements; ce sont, enfin, les *ignorants* qui vont sans savoir pourquoi, à la remorque de tous les ennemis de la République, les descendants de ceux-là mêmes qui tenaient nos pères en esclavage. Cela, nous l'avouons en toute sincérité, fait peu d'honneur à leur jugement.

CXL

D. Avant la Révolution française, le paysan était donc esclave ?

R. Il était dans une honteuse servilité, et n'ava t même pas le droit d'être propriétaire; droit que la

CONSTITUTION de 1791 lui a donné, en disant : LA PROPRIÉTÉ EST UN DROIT INVIOLABLE ET SACRÉ, ET NUL NE PEUT EN ÊTRE PRIVÉ.

CXLI

D. Le devoir de tout citoyen est donc de défendre la République ?

R. Sans aucun doute, car, agir autrement, c'est faire abnégation de sa qualité d'homme libre, la plus grande de toutes les fortunes.

CXLII

D. Pour la défendre, que faut-il faire ?

R. Il faut absolument mettre en pratique, ainsi que nous l'avons déjà dit, les devoirs que nous impose notre qualité d'électeur ; sans quoi l'on se rend coupable à l'égard de la société tout entière, et, en même temps, l'on se rend complètement indigne des *faveurs* dont le Gouvernement républicain nous fait jouir ; en un mot, l'on se rend digne de redevenir un vil esclave, comme sous les Gouvernements passés, soit monarchistes, soit impérialistes.

CXLIII

D. Quelles sont ces faveurs ?

R. Ces faveurs, en outre du titre d'électeur, consistent dans les trois admirables principes suivants : *liberté, égalité, fraternité*.

CXLIV

D. Qu'est-ce que la liberté ?

R. La liberté s'accorde en tous points avec les droits naturels de l'*homme*, en lui accordant l'inviolabilité de la liberté personnelle, toutes les fois qu'il se conforme aux lois qui régissent le pays qu'il habite; ce qui n'existe jamais dans une royauté ou un empire, ainsi que nous l'a trop cruellement prouvé le 2 décembre du dernier empire napoléonien, et, avant lui, les lettres de cachets dont les rois ont si souvent abusé, ainsi qu'en fait mention l'histoire de tous les peuples.

CXLV

D. Qu'est-ce que l'égalité, dans un Gouvernement républicain ?

R. C'est l'égalité devant la loi. Avec lui, plus d'actes arbitraires, comme du temps de Napoléon III, de triste mémoire ; plus de lettres de cachet, etc., etc.

CXLVI

D. Donnez-nous la définition de l'égalité devant la loi ?

R. L'égalité devant la loi, est celle qui donne à chaque citoyen le droit de tout penser, de tout dire, de tout pratiquer selon sa conscience, jusqu'aux limites imposées par les lois.

CXLVII

D. Est-ce que l'égalité devant la loi offre encore d'autres avantages ?

R. Oui, elle en offre plusieurs autres, mais *deux* surtout qui sont très importants.

CXLVIII

D. Quels sont ces deux avantages ?

R. Le premier consiste dans l'abolition, autant du moins que notre pauvre humanité le comporte, de tout privilège, quelqu'il soit. Ainsi, chacun a le droit et le pouvoir d'arriver aux plus hautes positions sociales et administratives, s'il a le mérite voulu pour cela. Le deuxième, qui n'est pas moins avantageux pour le bonheur de la société tout entière : c'est d'engendrer infailliblement la *fraternité*.

CXLIX

D. Qu'entendez-vous par le mot fraternité ?

R. Par le mot fraternité, j'entends que l'égalité devant la loi étant régulièrement observée, les jalousies, les rancunes, les ambitions désordonnées, etc., n'ont plus leur raison d'être. C'est, en effet, l'avantage immense qu'offre la véritable égalité devant la loi, qui engendre l'union et la concorde; lesquelles, de leur côté, donnent naissance à la fraternité.

CL

D. Ce genre de fraternité peut-il exister également dans les autres Gouvernements ?

R. Non, en aucune manière, ainsi que nous l'avons déjà dit. En effet, dans une royauté ou un empire, la société se trouve forcément divisée par tous les privilèges arbitraires qui en sont la principale essence, et qui, inévitablement, ne peuvent engendrer que l'orgueil et l'ambition exagérée, la désunion et la discorde entre tous les Membres de la société. Cependant, tous devraient comprendre que spirituellement ils sont tous frères, puisque tous ont le même Père *céleste*, qui est DIEU, Seul Créateur et Seul Dispensateur de toutes choses.

OBSERVATION DU QUESTIONNEUR

Nous sommes absolument de votre avis. Seulement, cet ordre d'idée sortant du cadre que nous nous sommes tracé dans cette première partie du Guide de la sagesse et rentrant dans la deuxième partie dudit guide, notre intention est d'en faire tout prochainement le sujet de notre *futur entretien...*

FIN DE LA PREMIÈRE PARTIE

LE
GUIDE DE LA SAGESSE

OU GUIDE

DU BON CITOYEN RÉPUBLICAIN

DEUXIÈME PARTIE (1)

D. Qui vous a créé et mis au monde ?

R. C'est DIEU, spirituellement parlant.

II

D. Qu'est-ce que DIEU ?

R. DIEU est l'*intelligence suprême*, cause première de toutes choses.

III

D. Donnez-nous une preuve de l'existence de DIEU ?

R. Nous trouvons la preuve de l'existence de DIEU, dans un axiome que nous appliquons à toutes les scien-

---

(1). Observation : Cette *deuxième partie* du présent volume a été extraite de notre *Philosophie spirite*.

A. B.

ces : « *Il n'y a pas d'effet sans cause* ». Cet axiome est tellement évident qu'il s'impose de lui-même. Maintenant cherchons la cause de tout ce qui n'est pas l'œuvre de *l'homme* et notre raison nous répondra. En effet, quel est l'Être humain assez dépourvu de sens qui, en contemplant l'immensité des cieux, ne comprenne pas l'existence d'un ÊTRE SUPRÊME, de qui toutes choses tirent leur être et qui nous a fait pour Lui.

IV

D. Pouvez-vous nous donner une deuxième preuve de l'existence de DIEU ?

R. Parfaitement ; cette deuxième preuve est même d'autant plus importante qu'elle est universelle. Ainsi, par exemple, le sentiment intuitif que portent en eux-mêmes tous les *hommes* en général, instruits ou non instruits, civilisés ou sauvages, certainement en est un nouveau témoignage irréfutable.

V

D. Cependant quelques-uns prétendent ne pas éprouver ce sentiment intuitif. Que répondre à leur objection ?

R. Ceci, seulement : c'est que l'absence d'un tel sentiment en eux (absence qui jamais ne peut être absolue) est infailliblement le produit de l'orgueil qui, plus ou moins, détruit en eux ce sentiment intuitif, et en voici la preuve : que ces mêmes personnes éprouvent de très grandes souffrances physiques ou morales, instinctivement elles lèvent les yeux vers le ciel et cela avec une très grande contrition ; preuve évidente que ce sentiment intuitif n'est pas complètement éteint en eux.

VI

D. Faut-il à la Créature humaine une intelligence hors ligne, pour comprendre l'existence de DIEU?

R. Non, certainement. Il arrive même souvent que les intelligences hors ligne, au point de vue humain, sont moins aptes que les autres à comprendre l'existence de DIEU et en voici la raison : c'est parce que l'orgueil, l'un des vices les plus communs à notre humanité terrestre, fait le plus souvent déraisonner les *hommes* qui en sont doués, lorsqu'ils veulent s'occuper de choses extra-humaines. En effet, *l'homme* orgueilleux ne veut rien admettre au-dessus de lui, c'est pourquoi il se qualifie lui-même d'*esprit fort*; *l'homme* simple, au contraire, généralement humble, reconnaît sans difficulté, et même le plus souvent avec empressement et conviction, l'existence de DIEU. Pour lui, cette rationnelle et consolante croyance s'impose tout naturellement à son cœur et à sa conscience ; ce qui, pour quelques-uns (un très petit nombre heureusement) n'arrive que sous l'influence de vives et très pénibles sensations physiques ou morales.

VII

D. Nous est-il permis de comprendre la nature intime de DIEU?

R. En aucune manière, et cela est dû à l'extrême infériorité de nos facultés intellectuelles et morales. *L'homme*, non encore dépouillé de son ignorance primitive, confond souvent DIEU avec la Créature humaine, dont il lui attribue les imperfections. Plus tard, à mesure que le sens moral se développe en lui, sa pensée, pénétrant mieux le fond des choses, s'en fait une idée plus juste et plus conforme à la saine raison, quoique toujours incomplète.

VIII

D. Si nous ne pouvons pas comprendre la nature intime de DIEU, pouvons-nous, du moins, avoir une idée de quelques-uns de ses attributs?

R. Oui, de quelques-uns seulement, comme vous le dites fort bien. Ainsi, par exemple, nous reconnaissons que DIEU est *éternel, immuable, immatériel, unique, tout puissant,* souverainement *juste* et *bon.*

IX

D. Pourquoi dites-vous que DIEU est *éternel?*

R. Parce que s'il avait eu un commencement, il serait sorti du néant, ou bien il aurait été créé Lui-même par un Être antérieur. C'est ainsi que de proche en proche, nous remontons à l'infini et à l'éternité.

X

D. Pourquoi DIEU est-il *immuable ?*

R. Si DIEU n'était pas immuable, il serait sujet à des changements et alors les lois qui régissent l'univers n'auraient aucune stabilité, ce qui n'existe en aucune manière. Nous devons donc forcément en conclure que DIEU est *immuable.*

XI

D. Qu'entendez-vous par DIEU *immatériel?*

R. J'entends que la nature de DIEU diffère de tout

ce que nous appelons matière ; car, dans le cas contraire, il ne serait pas immuable, du moment qu'il serait sujet aux transformations de la matière, et alors les lois qui régissent l'univers n'auraient aucune stabilité.

XII

D. Pourquoi dites-vous que DIEU est *unique* ?

R. Par la raison bien simple, que s'il y avait plusieurs dieux, il n'y aurait pas unité de vue, ni unité de puissance dans l'ordonnance de l'univers.

XIII

D. Quelle opinion vous faites-vous de la *trinité divine*, admise par un très-grand nombre de sectes religieuses?

R. La suivante : c'est qu'une telle opinion est un *sacrilège* et un *blasphème*, dont se rendent coupables ceux qui l'émettent et ceux qui la partagent.

XIV

D. Pourquoi cela?

R. Tout naturellement, parce qu'une telle opinion tend à faire la Créature l'égale du CRÉATEUR; ce qui, nous le répétons, est un *sacrilège* et un *blasphème*.

XV

D. Est-ce que le *pur* Christianisme admet la *trinité divine*?

R. En aucune manière, et la preuve en est simple : c'est parce que Jésus-Christ, dans les Évangiles, s'est

fort souvent reconnu comme étant le FILS DE L'HOMME.
Ainsi, par exemple, dans l'Évangile selon saint Mathieu,
il le dit formellement dans les chapitres suivants :
ch. XII, v. 32 et 40; ch. XVII, v. 9; ch. XVIII, v. 10 et 11;
ch. XX, v. 18, etc., etc.

XVI

D. Maintenant, pourquoi dites-vous DIEU *tout-puissant?*

R. Parce que s'il n'avait pas la *souveraine puissance*,
il y aurait quelque chose de plus puissant ou d'aussi
puissant que Lui; il n'eût pas fait toutes choses, et
celles qu'il n'aurait pas faites seraient l'œuvre d'un
autre Dieu.

XVII

D. Donnez-nous une preuve générale que DIEU est
souverainement *juste* et *bon?*

R. La sagesse providentielle des lois divines se ré-
vèle dans les plus petites choses, comme dans les plus
grandes, et cette sagesse ne permet de douter ni de sa
suprême justice, ni de son infinie bonté.

XVIII

D. DIEU possède-t-il tous ces attributs au suprême
degré, comme vous venez de le dire pour ces deux derniers ?

R. Notre raison et notre conscience nous disent qu'il
doit les posséder tous au suprême degré, sans quoi il
ne serait pas DIEU. En effet, DIEU ne doit avoir, en
aucune manière, une seule des imperfections, tant in-
fimes qu'elles soient, que l'imagination peut concevoir.

XIX

D. Lorsque, dans notre première question, nous vous avons demandé : *qui vous a créé et mis au monde ;* vous nous avez répondu : *c'est DIEU, spirituellement parlant.* Qu'entendez-vous par ces deux derniers mots?

R. J'entends que DIEU *seul* a créé l'Être spirituel qui est en moi ; lequel Être spirituel, d'après sa suprême volonté, est venu habiter le corps purement matériel, qu'il occupe actuellement et dont l'existence est uniquement due à mes père et mère.

XX

D. Pourquoi DIEU nous a-t-il créé et mis au monde?

R. Pour l'aimer et le servir.

XXI

D. Que faut-il faire pour servir DIEU et Lui prouver notre amour?

R. Nous servons DIEU et Lui prouvons notre amour, en accomplissant consciencieusement tous les devoirs qui incombent à chacun de nous ici-bas, et cela par amour pour Lui.

XXII

D. Quels sont ces devoirs?

R. Ces devoirs sont de deux sortes; ils peuvent être *directs* ou *indirects.*

XXIII

D. Comme, dans la première partie, nous nous sommes occupés tout spécialement de nos devoirs *indirects*, nous n'en parlerons donc pas dans celle-ci. Quant à nos devoirs *directs*, veuillez nous les faire connaître.

R. Ces devoirs sont les suivants : crainte et confiance en DIEU; toute humilité et résignation devant DIEU; reconnaissance envers DIEU et amour de DIEU. Tels sont les devoirs directs envers DIEU, qui doivent être gravés en traits ineffaçables dans le cœur de toute Créature humaine un peu *sensée*, spirituellement parlant.

XXIV

D. En quoi consiste la crainte et la confiance en DIEU?

R. La crainte de DIEU, telle qu'on doit la comprendre, n'est pas celle qui est purement servile, c'est-à-dire qui craint la punition sans détester le péché, mais elle est cette crainte salutaire qui nous fait détester le péché, parce qu'il déplaît à DIEU, et aimer le bien parce qu'il Lui plaît.

Enfin, nous devons craindre le SEIGNEUR et avoir confiance en Lui, parce qu'il est notre Maître absolu et notre Juge suprême; parce qu'il est notre Créateur et notre Père; parce qu'il est notre DIEU et notre *souverain bien*. Craignons donc de Lui déplaire et de L'affliger, si nous voulons nous rapprocher de Lui. Or, il n'y a que le péché qui lui déplaise, l'oblige à nous punir et nous sépare de Lui; c'est donc craindre DIEU, que de craindre le péché. La crainte et la confiance en DIEU nous sont tellement nécessaires, que Jésus-Christ a dit : « *Celui qui craint DIEU et a confiance en Lui, n'a rien à craindre* ». Grande et sublime vérité qui doit avoir notre approbation tout entière.

XXV

D. Qu'est-ce que l'humilité devant DIEU?

R. L'humilité devant DIEU est cette vertu qui nous donne le sentiment de notre faiblesse, qui réprime absolument en nous le mouvement de notre orgueil. En toutes circonstances, Jésus-Christ a toujours placé l'humilité au rang des vertus qui nous rapprochent le plus de DIEU et *vice-versâ* pour l'orgueil, et cela par une raison très naturelle : c'est parce que l'humilité est un acte de soumission à DIEU, tandis que l'orgueil est une révolte contre Lui. Aussi a-t-il dit : « Bienheureux les *humbles*, parce que le royaume des cieux est à eux ».

XXVI

D. En quoi consiste la résignation devant DIEU?

R. Elle consiste dans une soumission entière et absolue à sa volonté, et cela en nous résignant, sans nous plaindre, à toutes les vicissitudes humaines, lesquelles doivent avoir une cause et en même temps un but, et comme DIEU est infiniment *juste* et infiniment *bon*, cette cause doit être juste et, en même temps, doit nécessairement avoir pour but notre propre intérêt. Voilà ce dont chacun de nous doit se bien pénétrer, afin de mieux comprendre la nécessité d'une entière résignation à la volonté de DIEU, si nous voulons mériter sa divine miséricorde.

XXVII

D. En quoi consiste, maintenant, notre reconnaissance envers DIEU et notre amour pour Lui?

R. Notre reconnaissance envers DIEU et notre amour pour Lui, consistent à faire ce que nous recommande le Christ, lorsqu'il nous dit : « Souvenez-vous de votre CRÉATEUR dans les jours de votre jeunesse ». C'est-à-dire par reconnaissanc et par amour, consacrons à DIEU les premiers jours de notre vie et les premières affections de notre âme. Serait-il juste, en effet, que l'esprit du mal s'emparât le premier de notre cœur, et que les beaux jours d'une vie qui doit être toute à DIEU, fussent uniquement employés à aimer les plaisirs et les vanités de ce monde? Enfin, nous devons aimer DIEU non seulement pour les faveurs et pour les grâces qu'il nous a faites, pour les biens et pour la gloire qu'il nous promet, mais nous devons L'aimer encore pour ses infinies perfections, c'est-à-dire pour l'amour de Lui-même. En effet, pouvons-nous avoir un objet plus grand et plus digne de notre amour absolu et sans bornes.

XXVIII

D. L'amour de DIEU peut-il être de deux sortes ?

R. Oui, il peut être un amour effectif ou un amour de préférence. Si nous n'avons pas cet amour effectif, c'est-à-dire si nous n'éprouvons pas pour DIEU des mouvements de reconnaissance absolue, il faut au moins que nous ayons pour Lui un amour de préférence, c'est-à-dire que nous préférions DIEU à toutes choses, que nous soyons disposés à renoncer à nos plaisirs plutôt que de renoncer à sa divine miséricorde, de perdre tout ce que nous avons au monde plutôt que de perdre la grâce de DIEU; en un mot, être prêts à souffrir plutôt la mort que de nous séparer de Lui par une mauvaise action.

XXIX

D. Dites-nous, maintenant, à quoi ont donné naissance notre reconnaissance envers DIEU et notre amour pour Lui?

R. Notre reconnaissance envers DIEU et notre amour pour Lui, ont donné naissance à la *piété*, qui elle-même a engendré la *foi* et puis, ensuite, le *culte*.

XXX

D. Qu'est-ce que la piété?

R. La piété est un sentiment religieux, une disposition affectueuse de l'*âme* qui nous porte à remplir, avec zèle et humilité, tous nos devoirs envers DIEU. Elle est la meilleure garantie qu'on puisse avoir des mœurs des *hommes*, car, toutes les fois qu'elle est ardente et fervente, elle ramène toujours dans la bonne voie les malheureux qui s'en écartent. De plus, la véritable piété s'accorde avec tous les plaisirs raisonnables et moraux.

XXXI

D. La piété est-elle toujours sincère?

R. Malheureusement non, comme toutes les choses d'ici-bas, cette sublime vertu a quelquefois son revers de médaille.

XXXII

D. Quel est ce revers de médaille?

R. C'est de remplacer la véritable piété par une affectation de dévotion, et cela le plus souvent par *ostenta-*

tion ou *ambition*. Malheureuses et à plaindre sont les personnes qui s'en rendent coupables, car, si l'hypocrisie civile est blâmable, certainement l'hypocrisie religieuse l'est infiniment davantage.

XXXIII

D. Ce que vous venez de dire est parfaitement juste. Maintenant, dites-nous ce qu'est la foi.

R. La foi est théologique ou purement morale.

XXXIV

D. Qu'est-ce que la foi théologique?

R. La foi théologique consiste dans la croyance que les faits et les préceptes présentés par les religions sont vrais et viennent de DIEU. Cette croyance n'est pas raisonnable, le plus souvent même elle est stupide, puisqu'elle admet des faits et des idées que la raison humaine ne peut jamais vérifier, et que très souvent elle démontre être absurde. En veut-on la preuve? la voici : le Musulman qui a la foi croit, par exemple, que MAHOMET a fait un trou dans la lune, lors de son voyage dans le ciel; le Catholique, à ce propos, se rit de la bêtise du sectaire arabe; à son tour, le Catholique *qui a la foi* croit que SAINT DENIS porta sa tête entre ses mains, après avoir été décapité, chanta un cantique et fit une lieue en cet état; mais le fidèle Mahométan trouve aussi que le Catholique n'a pas le sens commun. Comme on le voit, la foi, théologiquement parlant, est une adhésion irréfléchie de la croyance à tout ce qu'il plaît aux prêtres d'enseigner.

XXXV

D. Maintenant, qu'est-ce que la foi purement morale?

R. La foi purement morale, désigne la croyance, l'assentiment que nous donnons à l'existence des faits, à la vérité des Doctrines qui puisent leurs preuves dans l'expérience, la raison et la conscience. Telle est, par exemple, la *vraie foi chrétienne* qui s'appuie sur des principes rationnels et qui parlent à la conscience. Telle est encore la *foi spirite* qui s'appuie sur les mêmes principes, lesquels sont les suivants : 1º L'existence d'un ÊTRE SUPRÊME dont les attributs, qui sont à notre connaissance, sont d'être *unique, éternel, immuable, immatériel, tout-puissant,* souverainement *juste* et *bon;* 2º L'immortalité de l'âme, et par conséquent l'existence des Esprits dans l'espace; 3º Les peines et les récompenses futures, y compris la pluralité des existences humaines pour chacun de nous, soit pour expier, soit pour progresser, etc., etc.

XXXVI

D. Pouvez-vous nous citer quelques distiques et quatrains sur la foi tant aveugle que rationnelle?

R. Oui, les suivants :

Si la foi raisonnée est l'appui des États,
La foi aveugle en est le plus grand embarras.

**

Foi aveugle convient aux peuples ignorants,
C'est pourquoi tout Clergé n'aime pas les savants.

**

La foi sans la raison fût le lot d'autrefois ;
L'une et l'autre aujourd'hui s'unissent à la fois.

**

Voulez-vous du bon sens suivre en tout temps la loi :
Écoutez la raison, acceptez la vraie foi;

Dans ce cas, vous aurez de la vertu la fleur,
Et, de plus encore, ce qui fait le bonheur.

.
* *

De nos chers ancêtres, avouons-le franchement,
Le savoir très restreint ne peut pas nous régler;
Vouloir s'en rapporter à leur enseignement,
C'est vouloir reculer, plutôt que d'avancer.

A. B.

XXVII

D. Dites-nous, maintenant, ce qu'est le culte?

R. Le culte n'est pas autre chose que la manifestation de la piété, autrement dit l'ensemble des actes qui sont le résultat des idées religieuses.

XXXVIII

D. Existe-t-il plusieurs cultes?

R. Si l'on considère le culte dans son sens particulier, autrement dit particulier à chacun, il peut y en avoir à l'infini; si, au contraire, nous le considérons dans son sens général, autrement dit commun à l'humanité tout entière, il ne peut y en avoir que deux. En effet, le culte étant la manifestation morale et physique que les *hommes* mettent en pratique pour honorer la DIVINITÉ, il comprend, d'après cela, le culte *intérieur* et le culte *extérieur*. Le premier consiste dans certains sentiments; le second consiste dans la manifestation privée ou publique de ces mêmes sentiments.

XXXIX

D. Le culte extérieur est-il toujours vrai?

R. Hélas! non, malheureusement, car il n'est qu'un mensonge, souvent criminel, quand il n'est pas le signe réel de l'état de l'*âme* et du *cœur*. C'est au moyen de ce mensonge, le plus coupable et le plus dangereux de tous, que tant de scélérats ont pu réussir à tromper l'humanité et à l'accabler des plus grands maux. Aussi ceux qui s'en rendent coupables, sont-ils réellement à plaindre.

XL

D. Pour être vrai, que doit être le culte?

R. Le vrai culte doit toujours être simple, et par conséquent exempt de tout faste quelconque, sans quoi il devient défectueux.

XLI

D. Pourquoi?

R. Parce qu'alors le culte devient plutôt théâtral que religieux. Le mondain, dans ce cas, l'emporte sur le spirituel.

XLII

D. Est-ce que ce n'est pas un défaut qui peut s'adresser au Catholicisme?

R. Hélas! oui, malheureusement. Espérons que le haut Clergé catholique finira enfin par le comprendre.

XLIII

D. Est-ce le seul reproche que nous ayons à lui adresser?

R. Non, malheureusement, car il en existe un autre beaucoup plus grave encore, qui peut également lui être reproché.

XLIV

D. Faites-nous le connaître.

R. C'est celui de s'être, en tout temps, beaucoup trop écarté des vrais principes du *pur* Christianisme. Ici encore, nous dirons de cœur et d'âme : Espérons que le haut Clergé catholique finira, enfin, par reconnaître son erreur à cet égard, et qu'alors il comprendra qu'il est essentiellement de son intérêt de s'y conformer au plus tôt, en renonçant à tous ces dogmes qui n'ont plus leur raison d'être à notre présente époque; tandis que les admirables principes du *pur* Christianisme sont, à très peu près, en rapport avec nos connaissances actuelles.

XLV

D. Dites-nous, maintenant, à quoi ont donné naissance la piété et le culte?

R. La piété et le culte ont donné naissance à la *religion*.

XLVI

D. Qu'est-ce que la religion?

R. La religion est un culte avec plus ou moins de cérémonies, qu'on rend à la DIVINITÉ. — La vraie religion est tolérante et ne veut point de persécution; elle respecte toutes les croyances et plaint ceux qui n'en ont pas; de plus, la vraie religion est toujours bienfaisante, toujours conciliatrice, toujours prête à accueillir ceux qui, fatigués d'erreurs qui affligent, ont besoin des vérités qui consolent.

XLVII

D. Quelle est l'utilité d'une religion véritablement pure et morale?

R. Une telle religion nous aide pour accomplir nos devoirs dans le cours ordinaire de la vie, elle fortifie nos sentiments d'honneur et de fraternité. Aussi pouvons-nous dire que la véritable religion est d'une utilité absolue pour l'amélioration de toute société humaine. En effet, que serait la fraternité sans la croyance en un Père *céleste* infiniment bon? En effet, que serait la conscience sans la foi en un DIEU infiniment juste? Si les idées d'un ÊTRE SUPRÊME, d'une autre vie et de la responsabilité de nos actes pouvaient sortir de nos cœurs, tout l'équilibre social s'écroulerait pour ne laisser que des ruines. Peut-être espère-t-on que les lois humaines *seules* pourraient sauver la société : autant s'imaginer que, le soleil éteint, nous pourrions, avec des torches, éclairer la terre; avec nos feux, lui conserver sa chaleur et sa fertilité.

XLVIII

D. Nous sommes entièrement de votre avis. Dites-nous, maintenant, si tous nos devoirs *directs* envers DIEU, sont tous compris dans ceux dont nous avons fait mention jusqu'à présent?

R. Non; il en existe encore un autre, qui est la prière.

XLIX

D. Qu'est-ce que la prière?

R. La prière est un acte d'adoration, par lequel on s'adresse à DIEU, pour reconnaître sa Souveraineté sur toutes choses et Lui demander, en même temps, la grâce non seulement de ne jamais mal faire, mais encore de bien faire pour amour pour Lui; elle est la respiration de l'*âme;* de plus, elle est toujours agréable à L'ÉTERNEL, quand elle est dite avec foi, ferveur et sincérité.

L

D. Que se propose-t-on dans la prière et que peut-elle être?

R. On se propose trois choses : *adorer, demander* et *remercier.* Elle peut être vocale ou mentale, isolée ou publique. Toutes sont bonnes lorsqu'elles sont sincères, c'est-à-dire humbles, ardentes et ferventes.

LI

D. Les prières en commun offrent-elles un avantage?

R. Oui; un très grand même, toutes les fois qu'elles sont dites sans ostentation, et en voici la raison : c'est parce que fort souvent elles ont l'immense avantage de ramener dans la bonne voie les malheureux qui s'en écartent.

LII

D. Quand et comment devons-nous prier?

R. La prière est de tous les instants et n'exige pas de nombreuses paroles. Ainsi, par exemple, un bonheur nous arrive-t-il, nous devons élever notre pensée reconnaissante vers DIEU, et dire : « *Merci, ô mon DIEU, pour le bonheur qui vient de m'arriver* ». Si c'est, au contraire, un malheur quelconque qui nous arrive, sans que moralement nous ayons pu l'éviter, il faut l'accepter avec résignation et dire : « *O mon DIEU, que votre volonté soit faite* »; ou bien encore : « *O mon DIEU, secourez-moi* »! si nous voulons implorer sa divine miséricorde. Enfin, en dehors des cas ci-dessus, nous devons forcément lui adresser à tout instant de la journée, cette courte et chaleureuse prière, lorsque nous nous sentons le besoin d'élever notre pensée vers Lui : *O mon DIEU, accordez-moi, je Vous en supplie, le suprême bonheur de toujours Vous plaire et ne jamais Vous déplaire, si Vous ne m'en trouvez pas trop indigne!...*

LIII

D. La prière ne doit-elle, en tout temps, s'adresser qu'à DIEU ?

R. Non, elle peut également s'adresser aux bons Esprits, comme étant les Messagers de DIEU et les Exécuteurs de ses volontés; mais leur pouvoir est en raison de leur supériorité et, toujours et en tout temps, relève du *Maître* de toutes choses, sans la permission de qui rien ne se fait; c'est pourquoi les prières qu'on leur adresse ne sont efficaces que si elles sont agréées par DIEU.

LIV

D. Vous venez de nous parler des bons Esprits. Dites-nous ce que sont les Esprits en général?

R. Les Esprits sont des Êtres *individuels;* ils ont une enveloppe éthérée, impondérable, appelée *périsprit,* sorte de corps fluidique, type de la forme humaine. Ils peuplent les espaces, que les plus épurés parcourent

avec la rapidité de l'éclair, et constituent le monde spirituel, invisible à nos yeux matériels.

LV

D. Pouvez-vous nous donner quelques renseigne-
ments certains sur l'origine et le mode de création des
Esprits?

R. Non; ce que vous nous demandez est absolument
l'inconnu pour nous. Seulement la *suprême justice* et
l'infinie bonté de DIEU, nous font un devoir d'admettre
qu'ils sont primitivement tous créés *simples* et *ignorants*,
c'est-à-dire sans science et sans connaissance du bien et
du mal; mais avec une égale aptitude pour tout. Ce
serait, en effet, offenser DIEU, que de supposer qu'il
ait pu affranchir les uns d'un travail qu'il aurait imposé
aux autres, pour arriver à la perfection.

LVI

D. Conformément à sa *suprême justice*, que DIEU
leur a-t-il encore donné?

R. Il leur a donné à tous leur *libre arbitre*, c'est-à-
dire le pouvoir de bien ou mal faire, à leur volonté; ce
qui, par la suite, les a rendus si différents les uns des
autres.

LVII

D. L'avenir futur des Esprits est-il le même pour
tous?

R. Oui, tous peuvent prétendre au *bonheur suprême*,
lorsqu'ils auront acquis les connaissances qui leur manquent et accompli la tâche qui leur est imposée. Tra-

vailler à leur avancement, voilà le but; ils l'atteignent, en suivant les lois intuitives qui sont gravées dans leur conscience. Seulement, en conséquence de leur *libre arbitre*, les uns prennent la route la plus courte, qui est celle du bien; les autres la route la plus longue, qui est celle du mal. Mais, nous le répétons : tous, dans un temps plus ou moins long pour chacun, sont destinés à jouir un jour du suprême bonheur, et cela pour l'éternité.

LVIII

D. Quelles sont les épreuves que les Esprits sont dans l'obligation de subir, pour pouvoir *s'améliorer* et *progresser?*

R. Ces épreuves consistent dans l'incarnation sur un monde matériel.

LIX

D. Qu'est-ce que vous entendez par le mot incarnation ?

R. L'incarnation n'est pas autre chose que l'assimilation d'un Esprit dans un corps humain, en voie de formation.

LX

D. Pouvez-vous nous dire comment l'incarnation peut se produire?

R. Elle peut et doit se produire de la manière suivante, ainsi que nous l'enseigne la *Genèse*, d'Allan Kardec, page 233 et suivante : lorsque l'Esprit doit s'incarner dans un corps humain, dit cet auteur, un lien fluidique, qui n'est autre qu'une expansion de son périsprit, le rattache au germe vers lequel il se trouve

attiré par une force irrésistible, dès le commencement
de la conception. A mesure que le germe se développe,
le lien se resserre; puis, ensuite, sous l'influence du
principe vital matériel du germe, le périsprit, qui possède certaines propriétés de la matière, s'unit *molécule
à molécule* avec le corps qui se forme; d'où l'on peut
dire que l'Esprit, par l'intermédiaire de son périsprit,
prend en quelque sorte *racine* dans ce germe, comme
une plante dans la terre. Quand le germe est entièrement
développé, l'union est complète, et alors l'Esprit naît à
la vie intérieure.

LXI

D. Pouvez-vous également nous dire comment, lors
de la mort du corps purement matériel, la désincarna-
tion doit se produire?

R. Naturellement elle doit se produire par un effet
contraire. Ainsi, par exemple, l'union du périsprit de
l'incarné avec sa matière purement charnelle, qui s'était
accomplie sous l'*influence* du principe vital du germe,
doit forcément cesser d'exister, par suite de la désorga-
nisation du corps purement matériel, occasionnée par la
cessation de la force agissante. Alors le périsprit se dé-
gage *molécule à molécule*, comme il s'était uni, et l'Esprit
est rendu à la liberté. Ainsi, *ce n'est pas le départ de
l'Esprit qui cause la mort du corps matériel, mais bien
la mort dudit corps matériel qui cause le départ de l'Esprit*. D'où nous pouvons admettre la conclusion suivante:
c'est que le *principe vital humain* et le *principe spirituel*
sont deux choses essentiellement différentes.

LXII

D. Plusieurs personnes refusent d'admettre la réincarnation, prétendant que c'est une doublure de la métempsycose. Que pouvez-vous leur répondre?

R. Nous leur répondrons ceci : non, la réincarnation n'est pas une doublure de la métempsycose, car il existe entre les deux une différence *entière, complète*. En effet, par la métempsycose, les anciens admettaient la transmigration directe d'un *être* d'un règne quelconque dans un autre *être* d'un règne quelqu'il fût; tandis que par la réincarnation, cette transmigration n'existe en aucune manière, du moment que, d'après sa base fondamentale, elle n'a lieu que dans l'espèce humaine. D'après cela, les personnes en question sont donc complètement dans l'erreur.

LXIII

D. Mais alors, pour l'âme humaine, vous admettez donc la pluralité des existences corporelles?

R. Parfaitement, et je puis même en donner de nombreuses preuves, pour ainsi dire irréfutables.

LXIV

D. Quelles sont ces preuves?

R. Elles sont les suivantes : c'est que la réincarnation est une vérité qu'il ne nous est pas permis de pouvoir mettre en doute, car si *l'homme* n'avait qu'une seule existence, et si, après cette existence, son sort futur était fixé pour l'éternité, quel serait le mérite de la moitié de l'espèce humaine qui meurt en bas-âge pour jouir sans effort du bonheur éternel, et de quel droit serait elle affranchie des conditions souvent si dures imposées à l'autre moitié? Un tel ordre de chose ne saurait être selon la justice de DIEU. Par la réincarnation, l'égalité est pour tous; l'avenir appartient à tous sans exception et sans faveur pour aucun; ceux qui arrivent les derniers ne peuvent s'en prendre qu'à eux-mêmes. *L'homme* doit avoir le mérite de ses actes, comme il en a la responsabilité. D'après cela, l'âme qui n'a point atteint la perfection pendant sa dernière existence corporelle (ce qui n'est pas possible sur notre terre, vu son infériorité dans la hiérarchie des mondes), continue son épuration par de nouvelles existences, dans de nouveaux mondes de plus en plus élevés hiérarchiquement, jusqu'à ce qu'elle soit complètement purifiée et soit, par conséquent, parvenue à l'état de *pur* Esprit.

LXV

D. Quelle est la conclusion que vous pouvez tirer de ce que vous venez de nous dire?

R. La suivante : c'est que la doctrine de la *réincarnation* ou *pluralité des existences humaines* pour chaque Esprit, est la *seule* qui réponde à l'idée que nous nous faisons de la justice infinie de DIEU, la *seule* qui puisse nous expliquer l'avenir et asseoir nos espérances, puisqu'elle nous permet de racheter nos erreurs passées par de nouvelles épreuves. Notre raison et notre conscience nous disent qu'il ne peut en être autrement.

LXVI

D. Nous sommes de votre avis. Mais alors, comment est-il possible de pouvoir convaincre les personnes qui la nient?

R. Il suffit de leur poser les six questions suivantes :

1. Pourquoi l'âme montre-t-elle des aptitudes si di-

verses et indépendantes des idées acquises par l'éducation?

2. D'où vient l'aptitude extra-normale de certains enfants en bas âge pour tel art ou telle science, tandis que d'autres restent inférieurs ou médiocres toute leur vie?

3. D'où viennent chez les uns les idées innées ou intuitives qui n'existent pas chez d'autres?

4. D'où viennent chez certains enfants ces instincts précoces de vices ou de vertus, ces sentiments innés de dignité ou de bassesse, qui contrastent avec le milieu dans lequel ils sont nés?

5. Pourquoi certains *hommes*, abstraction faite de l'éducation, sont-ils plus avancés les uns que les autres?

6. Pourquoi y a-t-il des sauvages et des *hommes* civilisés? Si vous prenez un enfant hottentot à la mamelle, et si vous l'élevez dans nos lycées les plus renommés, en ferez-vous jamais un Laplace ou un Newton?...

LXVII

D. Ces six questions sont-elles les seules que vous puissiez mettre en avant pour soutenir votre manière de voir?

R. Non, car nous ne venons de voir l'âme que dans son passé et dans son présent; si nous la considérons dans son avenir, nous trouvons les mêmes difficultés, ainsi que vont le prouver les *cinq* questions suivantes :

1. Si notre existence actuelle doit seule décider de notre sort à venir, qu'elle est, dans la vie future, la position respective du sauvage et de *l'homme* civilisé. Sont-ils au même niveau, ou sont-ils distancés dans la somme du bonheur éternel?

2. *L'homme* qui a travaillé toute sa vie à s'améliorer, est-il au même rang que celui qui est resté inférieur par sa faute, ou parce qu'il n'a eu ni le temps ni la possibilité de s'améliorer?

3. *L'homme* qui fait mal, parce qu'il n'a pu s'éclairer, est-il passible d'un état de choses qui n'a pas dépendu de lui?

4. On travaille à éclairer tous les *hommes*, à les moraliser, à les civiliser; mais pour un que l'on éclaire, il y en a des millions qui meurent chaque jour avant que la lumière soit parvenue jusqu'à eux; quel est le sort de ceux-ci? Sont-ils traités comme des réprouvés? Dans le cas contraire, qu'ont-ils fait pour mériter d'être sur le même rang que les autres?

5. Quel est le sort des enfants qui meurent en bas âge, avant d'avoir pu faire ni bien ni mal? S'ils sont parmi les *élus*, pourquoi cette faveur sans avoir rien fait pour la mériter? Par quel privilège sont-ils affranchis des tribulations de la vie?

LXVIII

D. Quelles sont maintenant les réflexions que vous inspirent les onze précédentes questions?

R. Ces réflexions sont les suivantes : c'est que, certainement, aucune doctrine existante autre que le Spiritisme ne peut les résoudre, et que, forcément, elles ne peuvent trouver leur explication que dans la doctrine de la *réincarnation*, autrement dit la *pluralité des existences humaines*.

En effet, admettez des existences *consécutives*, et tout est expliqué conformément à la Suprême justice de DIEU. Ce que l'on n'a pu faire dans une existence, on le fait dans une autre; c'est ainsi que personne n'échappe à la loi du progrès, que chacun sera récompensé selon son mérite *réel*, et que nul n'est exclu de la félicité suprême, à laquelle il peut prétendre, quels que soient les obstacles qu'il ait à rencontrer sur sa route.

LXIX

D. Ces principes sont admirables et sublimes. Seulement, ils ne sont pas admis par l'Église catholique; ce serait donc le renversement du Catholicisme apostolique et romain.

R. Naturellement, s'il persiste à s'appuyer sur des dogmes faux et irrationnels, qui, à notre époque actuelle, n'ont plus leur raison d'être, tellement ils sont opposés aux nouvelles découvertes scientifiques *irréfutables* qui les condamnent absolument. Que le Catholicisme se mette d'accord avec le progrès actuel, et alors son existence ne sera pas menacée. Au surplus, ce qui est *irrationnel* ne peut s'accorder avec toute bonne religion qui proclame DIEU comme étant la bonté et la raison par excellence. Autrefois, que serait devenu le Catholicisme si, contre l'opinion universelle et le témoignage de la science, il se fut roidi contre l'évidence et eût rejeté de son sein quiconque n'eût pas cru au mouvement du soleil ou aux six jours de la création? Quelle créance eût méritée, et quelle autorité aurait eue, chez des peuples éclairés, une religion fondée sur des erreurs manifestes, données comme articles de foi? Quand l'évidence a été démontrée, l'Église s'est sagement rangée du côté de l'évidence. S'il est prouvé que certaines choses dans l'humanité sont impossibles sans la réincarnation, il faudra bien l'admettre et reconnaître que cette Doctrine a essentiellement sa raison d'être...

LXX

D. Est-ce que le Catholicisme apostolique et romain est d'accord avec le Christ, en niant la pluralité des existences humaines pour chacun de nous?

R. Non; il est, au contraire, en parfait désaccord avec lui, du moment que la réincarnation ressort de plusieurs passages des Écritures, et se trouve notamment formulé, d'une manière explicite, dans l'Évangile selon saint Mathieu, ch. XVII, v. 9 à 13.

9. Lorsqu'ils descendaient de la montagne (après la transfiguration), Jésus fit ce commandement et leur dit : Ne parlez à personne de ce que vous venez de voir, jusqu'à ce que le *Fils de l'homme* soit ressuscité d'entre les morts.

10. Ses disciples l'interrogèrent alors, et lui dirent : Pourquoi donc les Scribes disent-ils qu'il faut qu'Élie vienne auparavant?

11. Mais Jésus leur répondit : Il est vrai qu'Elie doit venir, et qu'il rétablira toutes choses.

12. Mais je vous déclare qu'Élie est déjà venu, et ils ne l'ont point connu, mais l'ont fait souffrir comme ils l'ont voulu. C'est ainsi qu'ils feront mourir le *Fils de l'homme.*

13. Alors ses disciples comprirent que c'était de Jean-Baptiste qu'il leur avait parlé.

Puisque Jean-Baptiste était Élie, il y a donc eu *réincarnation* de l'Esprit ou de l'âme d'Élie dans le corps de Jean-Baptiste.

LXXI

D. Citez-nous-en un autre passage.

R. Ce passage est le suivant, qui est encore plus

explicite que celui que je viens de désigner. Ainsi, par exemple, voici ce qu'on lit dans l'Évangile selon saint Jean, ch. III, v. 3 à 5.

3. Jésus répondant à Nicodème, dit : En vérité, en vérité, je te le dis que, si un *homme ne naît de nouveau*, il ne peut voir le royaume de DIEU.

4. Nicodème lui dit : Comment un *homme* peut-il naître quand il est vieux? Peut-il entrer dans le ventre de sa mère et naître une seconde fois?

5. Jésus répondit : En vérité, en vérité, je te dis que si un *homme* ne naît d'eau et d'esprit, il ne peut entrer dans le royaume de DIEU. Ce qui est né de la chair est chair, et ce qui est né de l'Esprit est Esprit. Ne t'étonne point de ce que je t'ai dit : *Il faut que vous naissiez de nouveau.*

Mettre en doute la pluralité des existences humaines, ce serait donc se trouver en contradiction absolue avec Jésus-Christ lui-même.

LXXII

D. Du moment que vous admettez la pluralité des existences humaines, sans doute vous devez également admettre l'existence de la pluralité des mondes matériels?

R. Tout naturellement. Seulement cette vérité indiscutable étant *officiellement* reconnue depuis longtemps par tous les astronomes en renom, et cela principalement à notre époque actuelle, je pense qu'il est complètement inutile d'en parler ici; d'autant mieux que les preuves à l'appui sont visibles et matérielles, et, par conséquent, ne peuvent être mises en doute.

LXXIII

D. Dites-nous, maintenant, ce que constituent les Esprits incarnés?

R. Les Esprits incarnés constituent l'humanité, qui n'est point circonscrite à la terre, mais qui peuplent tous les mondes matériels disséminés dans l'espace et dont l'existence, nous le répétons, est officiellement reconnue aujourd'hui par tous ceux qui s'occupent un peu d'astronomie.

LXXIV

D. L'âme de l'*homme* étant un Esprit incarné, DIEU lui a-t-il donné des auxiliaires pour l'accomplissement de sa tâche?

R. Oui, DIEU lui a donné comme auxiliaires, les animaux qui lui sont soumis, et dont l'intelligence et le caractère sont proportionnés à ses besoins.

LXXV

D. Comment l'Esprit peut-il se perfectionner?

R. Par le travail qu'il est chargé d'accomplir en s'incarnant sur un globe terrestre. Seulement, ne pouvant acquérir, dans une seule existence corporelle, toutes les qualités morales et intellectuelles qui doivent le conduire au but, il y arrive par une succession d'existences, à chacune desquelles il fait quelques pas en avant dans la voie du progrès.

LXXVI

D. Le nombre de ces existences est-il déterminé?

R. Non, il est naturellement indéterminé, céonséquence naturelle de leur libre arbitre. Seulement, il dépend de la volonté de l'Esprit de l'abréger en travaillant activement à son perfectionnement moral; de même qu'il dépend de la volonté d'un ouvrier qui doit fournir un travail, d'abréger le nombre des jours qu'il emploie à le faire.

LXXVII

D. Quelle est la tâche que chaque Esprit incarné doit fournir?

R. A chaque existence corporelle, l'Esprit doit fournir une tâche proportionnée à son développement; plus elle est rude et laborieuse, plus il a de mérite à l'accomplir. Chaque existence est ainsi une épreuve qui le rapproche du but.

LXXVIII

D. Lorsqu'une existence a été mal employée, qu'arrive-t-il?

R. Elle est sans profit pour l'Esprit, qui doit la recommencer dans des conditions plus ou moins pénibles, en raison de sa négligence et de son mauvais vouloir; c'est ainsi que, dans la vie, on peut être astreint à faire le lendemain, ce qu'on n'a pas fait la veille, ou à refaire ce qu'on a mal fait.

LXXIX

D. Dites-nous la différence qui existe entre la vie corporelle et la vie spirituelle?

R. Cette différence est la suivante : c'est que la vie spirituelle est la vie normale de l'Esprit, laquelle est éternelle; tandis que la vie corporelle n'est que transitoire et passagère, et n'est qu'un instant dans l'éternité.

LXXX

D. Dans l'intervalle de ces existences corporelles, qui devient l'Esprit?

R. Il devient Esprit errant, c'est-à-dire attendant une nouvelle incarnation, pour pouvoir avancer vers DIEU; car, à l'état d'Esprit errant, l'Esprit peut bien trouver facilement les moyens de s'instruire; mais pour progresser, c'est-à-dire avancer vers DIEU, but final de tous les Esprits, les épreuves de l'incarnation lui sont indispensables; c'est pourquoi tous aspirent à s'incarner ce qui, quelquefois, comme punition, peut leur être refusé pendant un temps plus ou moins long.

LXXXI

D. Pour les Esprits, l'erraticité est-elle une cause d'infériorité?

R. Non, l'erraticité n'est pas, comme on pourrait le croire, une cause d'infériorité pour les Esprits; car en dehors de leurs vies terrestres, tous les Esprits qui ne sont pas arrivés à la perfection, deviennent Esprits errants. D'après cela, le monde des Esprits errants se compose donc de tous les Esprits qui ne sont pas encore arrivés à l'état de *purs* Esprits.

LXXXII

D. Les Esprits ont-ils une demeure fixe?

R. Non; les Esprits n'ont pas de demeures fixes, ils sont disséminés dans l'espace; seulement, tous ne vont pas où ils veulent, cela dépend de leur épuration. Ainsi, par exemple, ceux qui se sont améliorés dans leur dernière incarnation, peuvent aller dans des mondes supérieurs à ceux qu'ils ont habités dans leurs précédentes incarnations; tandis que ceux qui sont restés stationnaires ne le peuvent pas, ce qui pour eux est très pénible.

LXXXIII

D. Durant son erraticité, quelle est l'occupation de l'Esprit?

R. Il étudie les causes qui ont hâté ou retardé son avancement; il prend les résolutions qu'il cherchera à mettre en pratique lors de sa prochaine incarnation, et choisit lui-même les épreuves qu'il croit les plus propres à son avancement; mais quelquefois il se trompe, ou succombe, en ne tenant pas, une fois incarné, les résolutions qu'il a prises avant de s'incarner.

LXXXIV

D. Pourquoi l'Esprit, une fois incarné, ne se rappelle-t-il plus les résolutions qu'il a prises à l'état d'Esprit; cela pourtant lui serait d'un grand secours et nous paraîtrait plus conforme à la *suprême justice* et à *l'infinie bonté* de DIEU?

R. C'est afin de lui laisser, comme *homme*, tout le *mérite* et le *démérite* de ses bonnes ou mauvaises actions; en effet, dans le cas contraire, ce serait lui enlever en partie son *libre arbitre*, qu'il doit avoir d'une manière entière et complète. Cependant, il ne faudrait pas croire pour cela, que cet oubli est absolu; car il lui reste toujours un souvenir intuitif, lequel est plus ou moins annulé par les passions mondaines.

LXXXV

D. Vous venez de nous parler de *mérite* et de *démérite*; d'après cela, nous sommes donc responsables, au sortir de cette vie, de tous nos actes ici-bas?

R. Tout naturellement, du moment que c'est la conséquence inévitable de la Suprême justice de DIEU.

LXXXVI

D. D'après cela, les punitions et les récompenses existent donc pour nous en dehors de cette vie, c'est-à-dire lorsque nous serons à l'état d'Esprit?

R. Sans aucun doute; car, sans cela, ce serait douter de la Suprême justice de DIEU; ce qui serait commettre un sacrilège et un blasphème.

LXXXVII

D. Quelles sont alors les souffrances spirituelles qui nous attendent au sortir de cette vie, si nous faisons mal dans notre existence actuelle?

R. Ces souffrances sont purement morales, et certainement plus vives que celles que nous sommes susceptibles d'éprouver ici-bas dans le même genre, c'est-à-dire également morales. Mais nous savons, par expérience, que nos souffrances morales sur cette terre sont infiniment plus vives que nos souffrances physiques. D'après cela, la conséquence à en tirer, comme on le voit, est peu consolante pour celui qui se rend coupable dans son existence actuelle. — *Avis.*

LXVXVIII

D. Faites-nous connaître en quoi peuvent consister les souffrances morales dans le monde des Esprits?

R. Ces souffrances sont aussi variées que les causes qui les ont produites, et sont en même temps proportionnées au degré d'infériorité, comme les jouissances le sont au degré de supériorité. Elles peuvent se résumer ainsi: envier tout ce qui leur manque pour être heureux, et ne pouvoir l'obtenir; voir le bonheur et n'y pouvoir atteindre. Regret, jalousie, désespoir, remords, anxiété morale indéfinissable, tels sont les tourments qui occasionnent ces souffrances; enfin avoir le désir de toutes les jouissances et ne pouvoir en satisfaire aucune, c'est ce qui les tourmente et les torture. Mais la plus cruelle de toutes les souffrances pour l'Esprit, celle qui n'est infligée qu'aux plus coupables, c'est de se croire condamné sans retour. De là est venue, dès la plus haute antiquité, la croyance au feu éternel de l'enfer, croyance qui s'est perpétuée de nos jours, et qui n'est qu'une figure pour exprimer les douleurs atroces de celui qui se croit condamné sans retour.

LXXXIX

D. Sont-ce là toutes les souffrances que l'Esprit désincarné, qui s'est rendu coupable dans sa dernière incarnation, est susceptible d'éprouver dans le monde des Esprits?

R. Non, il y en a encore d'autres qui ne sont pas moins pénibles pour lui. Elles consistent en ce que tout le passé de sa dernière existence corporelle est à décou-

vert; il s'ensuit que le bien et le mal qu'il a pu faire sur
terre est connu de tous. C'est en vain que celui qui a fait
le mal veut échapper à la vue de ses victimes, à qui rien
n'est caché de ses actes les plus secrets, ainsi que de ses
pensées les plus secrètes et les plus hypocrites; leur
inévitable présence est pour lui un châtiment et un
remords incessant, jusqu'à ce qu'il ait expié ses torts;
tandis que l'Esprit désincarné de l'*homme* de bien ne
rencontre partout que des regards amis et bienveillants.
Enfin l'âme de l'*homme* pervers est en proie à la *honte*,
aux *remords ;* celle du juste jouit d'une *sérénité parfaite.*

XC

D. Quelque nombreuses et pénibles que soient les
souffrances que vous nous avez énumérées, est-ce qu'il
n'en existe pas encore d'autres pour l'Esprit qui s'est
rendu coupable dans sa dernière existence corporelle?

R. Oui, d'autres existent encore; seulement, ces
souffrances, il ne doit plus les éprouver dans le monde
des Esprits, mais bien sur un monde terrestre. Ce sont
les *souffrances corporelles futures ;* il les subira lorsqu'il
lui faudra quitter le monde des Esprits, pour se réin-
carner de nouveau sur un monde matériel; alors, il aura
à subir ce qu'il aura fait endurer aux autres, pendant sa
dernière incarnation. S'il a été dur et inhumain, il
pourra à son tour être traité durement et avec inhu-
manité; s'il a été orgueilleux, il pourra naître dans une
condition plus humble, voire même humiliante, soit
comme position sociale ou infirmité de naissance; s'il a
été égoïste ou s'il a fait un mauvais usage de sa fortune,
il pourra être privé du nécessaire; s'il a été mauvais
fils, il pourra souffrir dans ses enfants, etc., etc.

XCI

D. Dites-nous maintenant quelle peut être la durée des souffrances futures pour le coupable?

R. Cette durée est toujours basée sur le temps nécessaire à son amélioration. L'état de souffrance et de bonheur étant proportionné au degré d'épuration de l'Esprit, il s'ensuit que la durée et la nature de ses peines et souffrances dépendent du temps qu'il met à s'améliorer. A mesure qu'il progresse et que ses sentiments s'épurent, ses souffrances diminuent et changent de nature, jusqu'à ce qu'il soit arrivé à l'état de *pur* Esprit; lequel état est le terme de toutes souffrances pour l'âme de toute Créature humaine. A cette époque seulement, l'Esprit est destiné à jouir du *bonheur éternel*.

XCII

D. Maintenant, dites-nous en quoi peut consister le bonheur des bons Esprits?

R. Le bonheur des bons Esprits consiste dans la connaissance plus ou moins étendue de toutes choses. Par le progrès qu'ils ont fait, ils acquièrent de nouvelles connaissances, de nouvelles jouissances inconnues aux Esprits coupables qui, par punition, en sont spirituellement privés pendant un temps plus ou moins long, toujours en rapport avec les fautes commises. Les premiers voient, entendent, sentent et comprennent ce que les derniers ne peuvent ni voir, ni entendre, ni sentir, ni comprendre. Le bonheur étant en raison du progrès

accompli, il s'ensuit que de deux Esprits, l'un peu
n'être pas aussi heureux que l'autre, uniquement parce
qu'il n'est pas aussi avancé intellectuellement, et surtou
moralement; sans qu'ils aient besoin d'être chacun dan
un lieu distinct. Quoiqu'étant à côté l'un de l'autre, l'ur
peut être dans les ténèbres, tandis que tout est resplen-
dissant autour de l'autre, absolument comme pour ur
aveugle et un voyant qui se donne la main: l'un perçoi
la lumière, qui ne fait aucune impression sur son voisin. Le bonheur des Esprits étant inhérent aux qualités
morales qu'ils possèdent, ils les puisent partout où ils
les trouvent, à la surface de la terre, au milieu des
incarnés ou dans l'espace; lequel espace les Esprits,
suffisamment épurés, peuvent *seuls* parcourir à leur
volonté, ce qui n'est pas une des moindres causes de
jouissance pour eux, ainsi que cela est facile à comprendre. Le monde spirituel, en un mot, a partout des
splendeurs, des harmonies et des sensations que les
Esprits coupables, encore soumis à l'influence de la
matière, n'entrevoient même pas ou entrevoient difficilement, et qui ne sont *accessibles* qu'aux bons Esprits,
tant soit peu épurés, ce qui leur procure un véritable et
très grand bonheur.....

Quant au *bonheur suprême*, il ne peut être accordé
qu'aux Esprits qui sont arrivés à l'état de *pureté complète*, but final de tous les Esprits, sans exception. En
effet, eux *seuls* peuvent jouir du suprême bonheur de
voir DIEU, de pouvoir relativement comprendre ses perfections, et de recevoir directement ses ordres, qu'ils
font exécuter dans tout l'Univers; ce qui, pour eux, est
une jouissance infinie, qui, certainement, doit-être la
plus grande de toutes les jouissances que l'Esprit soit
susceptible de pouvoir éprouver. *Là, est le but; à nous
de faire tous nos efforts pour y arriver le plus tôt possible.*

XCIII

D. DIEU condamne-t-il ses Créatures à des châtiments perpétuels?

R. Oh! non, certainement. En effet, comment DIEU, qui est souverainement *juste* et infiniment *bon*, pourrait-il condamner ses Créatures à des peines perpétuelles, pour des fautes temporaires? sans aucun doute, le penser est un *sacrilège* et le dire un *blasphème*.

XCIV

D. Mais alors que DIEU leur offre-t-il?

R. Il leur offre, en tout temps, les moyens de progresser, en réparant le mal qu'ils ont pu faire. DIEU pardonne, mais il exige le *repentir*, la *réparation* et le *retour au bien;* de sorte que la durée du châtiment est proportionnée à la persistance de l'Esprit dans le mal, que, par conséquent, le châtiment serait *éternel* pour celui qui resterait éternellement dans la mauvaise voie; mais, dès qu'une lueur de repentir entre dans le cœur du coupable, DIEU étend sur lui sa miséricorde.

XCV

D. Dites-nous, maintenant, quelle est la Doctrine qui a donné naissance à tous les admirables principes dont nous venons de nous entretenir?

R. Cette Doctrine est la *Doctrine psychologique*, qui a

7

commencé par les tables tournantes et a fini par la
conception de la science psychologique la plus sublime
et dont les principes sont essentiellement *rationnels* et,
de plus, absolument *régénérateurs*.

XCVI

D. Quelle est la conclusion que vous pouvez en tirer?

R. La suivante : C'est que celui qui ne connaîtrait,
en fait de magnétisme terrestre, que le jeu des petits
canards aimantés, qu'on fait manœuvrer sur l'eau d'une
cuvette, pourrait difficilement comprendre : que ce jou-
jou renferme le secret du mécanisme de l'univers et du
mouvement des mondes. Il en est de même, de celui qui
ne connaît, de la Doctrine psychologique, que le mouvement des tables et autres objets différents; il n'y voit
qu'un amusement, un passe-temps de société et ne comprend pas que ce phénomène si simple et si vulgaire,
connu de l'antiquité et même des peuples les plus sauvages, puisse se rattacher aux questions les plus graves
de l'ordre social. Pour l'observateur superficiel, en
effet, quel rapport une table qui tourne peut-elle avoir
avec la morale et l'avenir de notre humanité? Mais quiconque réfléchit (comme toute personne sensée doit le
faire) se rappelle que, de la simple marmite qui bout et
dont le couvercle se soulève (marmite qui, elle aussi, a
bouilli de toute antiquité), est sorti le puissant moteur
avec lequel l'*homme* franchit l'espace et supprime les
distances. Eh bien! nous dirons à ceux qui ne croient à
rien, en dehors du monde matériel : sachez donc que de
cette table qui tourne et provoque vos sourires dédai-
gneux, est sortie toute une science, donnant la solution

des problèmes qu'aucune philosophie n'avait encore pu résoudre. Si vous en voulez la preuve, faites en une étude *consciencieuse*, et alors vous en serez *intimement convaincus*. — Dans ce but consulter : la *Philosophie spiritualiste* ou *Livre des Esprits* de l'immortel initiateur de la Doctrine spirite, ALLAN KARDEC; ou bien encore, notre *Philosophie spirite*, qui en est un humble extrait.

MORCEAUX CHOISIS

OU

ORNEMENT DE LA MÉMOIRE

Servant de complément à notre Guide de la Sagesse, etc.

TROISIÈME PARTIE

PARTIE POÉTIQUE

ARTICLES DIVERS SUR DIEU ET NOS DEVOIRS *directs*
ENVERS LUI.

I

Dans DIEU tout est bonté, puissance, éternité
Et Lui seul infini n'a jamais commencé.

II

Entouré d'Esprits *purs*, DIEU pour temple a le ciel,
Les astres pour cortège et pour nom l'ÉTERNEL.

III

Dans les plaines du Ciel, DIEU sème la lumière,
Ainsi que dans nos champs il sème la poussière.

IV

Dans DIEU, tous les Puissants ont un juge sévère,
L'Innocence un vengeur et l'Orphelin un Père.

V

A sa volonté, DIEU de notre sort dispose,
Et ce n'est point à nous d'en pénétrer la cause.

VI

Lorsque DIEU nous afflige et qu'il nous fait souffrir,
C'est pour nous éprouver et non pour nous punir.

VII

Tant que d'un DIEU suprême on adore les lois,
La pitié dans les cœurs fait entendre sa voix.

VIII

DIEU tout juste et tout bon, qui lit dans nos pensées
N'impute point de crime à nos actions forcées.

IX

Tout annonce d'un DIEU l'éternelle existence ;
On ne peut Le comprendre, on ne peut l'ignorer ;
La vue de l'univers nous montre sa puissance,
Et la voix de nos cœurs dit qu'il faut l'adorer.

X

Ce qu'il veut, DIEU l'ordonne, et son ordre suprême
N'a point d'autres raisons que sa volonté même.

O sages profondeurs, ô sublimes secrets,
J'adore un DIEU caché, je tremble et je me tais.

XI

POÈME SUR DIEU

N'invente point ton DIEU, vain mortel, vil atome !
Cesse de te créer un auguste fantôme !
Cesse de concevoir une triple unité,
Et de donner la mort à la DIVINITÉ.
Tu te fais un dédale où ta raison s'égare.
De cet ÊTRE infini, l'infini te sépare.
Du char glacé de l'Ourse aux feux de Sirius
Il règne, il règne encore où les cieux ne sont plus.
Dans ce gouffre sacré quel mortel peut descendre ?
L'immensité l'adore et ne peut Le comprendre ;
Et toi, songe de l'ÊTRE, atome d'un instant,
Égaré dans les airs sur ce globe flottant,
Des mondes et des cieux, spectateur invisible,
Ton orgueil pense atteindre à l'ÊTRE inaccessible ?
Tu prétends Lui donner tes ridicules traits ?
Tu veux dans ton DIEU même adorer tes portraits !...
Ni l'aveugle hasard, ni l'aveugle matière
N'ont pu former mon âme, essence de lumière,
Je pense, et ma pensée atteste plus un DIEU
Que tout le firmament et ses globes de feu.
Voilé de sa splendeur dans ses gloires profondes,
D'un regard éternel il enfante les mondes.
Les siècles devant Lui s'écoulent, et le temps
N'oserait mesurer un seul de ses instants.

Il est, tout est par Lui, Seul ÊTRE illimité,
En Lui tout est vertu, puissance, éternité.
Au delà des soleils, au delà de l'espace,
Il n'est rien qu'il ne voie, il n'est rien qu'il n'embrasse;
Il est, Seul, du grand tout le principe et la fin,
Et la nature entière respire par ses soins.
Puis-je être malheureux? je Lui dois la naissance.
Tout est bonté sans doute en qui tout est puissance.
Ce DIEU si différent du Dieu que nous formons,
N'a jamais contre l'homme armé de noirs démons.
Il n'a point confié sa vengeance au tonnerre;
Il n'a point dit aux cieux : Vous instruirez la terre ;
Mais, de la conscience il a dicté la voix,
Mais, dans le cœur de l'homme il a gravé ses lois,
Mais il a fait rougir la timide innocence,
Mais il a fait pâlir la coupable licence,
Mais, au lieu des enfers il créa le remord
Et n'éternise point la douleur et la mort.

(LEBRUN, *Poëme de la nature*).

XII

SECOND POÈME SUR DIEU

Oui, c'est un DIEU caché que le DIEU qu'il faut croire;
Mais tout caché qu'il est pour révéler sa gloire,
Quels témoins éclatants devant moi rassemblés !
Répondez, cieux et mers; et vous, terre, parlez.
Quel bras peut vous suspendre, innombrables étoiles?
Nuit brillante, dis-nous qui t'a donné tes voiles.

O cieux ! que de grandeur, et quelle majesté !
J'y reconnais un *Maître* à qui rien n'a coûté,
Et qui dans vos déserts a semé la lumière,
Ainsi que dans nos champs il sème la poussière.
Toi qu'annonce l'aurore, admirable flambeau,
Astre toujours le même, astre toujours nouveau,
Par quel ordre, ô soleil, viens-tu du sein de l'onde
Nous rendre les rayons de ta clarté féconde ?
Tous les jours je t'attends, tu reviens tous les jours :
Est-ce moi qui t'appelle et qui règle ton cours ?
Et toi, dont le courroux veut engloutir la terre,
Mer terrible, en ton lit quel pouvoir te resserre ?
Pour forcer ta prison tu fais de vains efforts :
La rage de tes flots expire sur tes bords.
Fais sentir ta vengeance à ceux dont l'avarice
Sur ton perfide sein va chercher son supplice.
Hélas ! prêts à périr, t'adressent-ils leurs vœux ?
Ils regardent le ciel, secours des malheureux.
La nature qui parle en ce péril extrême
Leur fait lever les yeux vers l'asile suprême :
Hommage que toujours rend un cœur effrayé
Au DIEU que jusqu'alors il avait oublié.
La voix de l'univers à ce DIEU me rappelle :
La terre le publie : Est-ce moi, me dit-elle,
Est-ce moi qui produis mes riches ornements ?
C'est Celui qui jadis posa mes fondements.
Si je sers tes besoins, c'est Lui qui me l'ordonne
Les présents qu'il me fait, c'est à toi qu'il les donne.
Je me pare des fleurs dont pour toi, Être humain,
Il me couvre en entier et m'en remplit le sein.
Pour consoler l'espoir du laboureur avide,
C'est Lui qui dans l'Égypte, où je suis trop aride,
Veut qu'au moment prescrit, le Nil, loin de ses bords,
Répandu sur la plaine, y porte mes trésors...

Ainsi parle la terre, et charmé de l'entendre,
Quand je vois par ces nœuds, que je ne puis comprendre,
Tant d'Êtres différents l'un à l'autre enchaînés,
Vers une même fin constamment entraînés,
A l'ordre général conspirer tous ensemble,
Je reconnais partout Celui qui les rassemble,
Et d'un dessein si grand j'admire l'unité,
Non moins que la sagesse et la simplicité...
Le roi pour qui sont faits tant de bien précieux,
L'homme élève un front noble et regarde les cieux ;
Ce front, comme un théâtre où l'âme se déploie,
Est tantôt éclairé des rayons de la joie,
Tantôt enveloppé de chagrins ténébreux.
L'amitié tendre et vive y fait briller ses feux,
Qu'en vain veut imiter, dans son zèle perfide,
La trahison que suit l'envie au teint livide.
Un mot y fait rougir la timide pudeur,
Le modeste respect, l'imprudente colère,
Et de plus, encore, la crainte et la paleur
Tout naturellement sa compagne ordinaire,
Qui, dans tous les périls funestes à nos jours,
Plus prompte que la voix, appelle du secours.
A me servir aussi cette voix empressée,
Loin de moi, quand je veux, va porter ma pensée :
Messagère de l'âme, interprète du cœur,
De la société je lui dois la douceur.
Quelle foule d'objets l'œil réunit ensemble?
Que de rayons épars ce cercle étroit rassemble !
Tout s'y peint tour à tour. Le mobile tableau
Frappe un nerf qui l'élève et le porte au cerveau.
D'innombrables filets, ciel ! quel tissu fragile !
Cependant ma mémoire en a fait son asile,
Et tient dans un dépôt fidèle et précieux
Tout ce que m'ont appris mes oreilles, mes yeux...

Mais qui donne à mon sang cette ardeur salutaire?
Sans mon ordre il nourrit ma chaleur nécessaire...
Est-ce moi qui préside au maintien de ses lois?
Et pour les établir ai-je donné ma voix?
Je les connais à peine, une attentive adresse
M'en apprend tous les jours et l'ordre et la sagesse.
De cet ordre secret reconnaissons l'Auteur,
Fut-il jamais des lois sans un législateur!...
Reconnaissons du moins Celui par qui nous sommes,
Celui qui fait tout vivre et qui fait tout mouvoir :
S'il donne l'Être à tous, l'a-t-il pu recevoir?
Il précède les temps, qui dira sa naissance?
Par Lui l'homme, le ciel, la terre, tout commence,
Et Lui *seul* infini n'a jamais commencé.
Quelle main, quel pinceau dans mon âme a tracé
D'un *divin Créateur* l'image incomparable?
Ce n'est point à mes sens que j'en suis redevable...
D'un ÊTRE SUPRÊME je me suis souvenu
Dès le premier instant que je me suis connu.

RACINE fils.

XIII

Il est doux, chers Lecteurs, de pouvoir plaire à DIEU!
Là, doivent se porter tous les désirs des *hommes*.
Afin d'y parvenir tous autant que nous sommes,
Ayons confiance en Lui, puis soyons vertueux.

XIV

Devant le CRÉATEUR, ayant toute puissance,
C'est agir, mes amis, toujours avec prudence

De ressentir la plus profonde humilité
Et d'être en nos malheurs en tout temps résignés.

XV

Crainte et confiance en DIEU, toute reconnaissance,
Profonde humilité et puis amour de DIEU,
Sont pour l'*homme* un devoir d'une extrême exigence
Pour pouvoir à sa mort espérer d'être heureux.

XVI

C'est notre amour pour DIEU qui doit seul nous conduire ;
Il ne veut point punir, il veut récompenser.
Pour prouver cet amour, tâchons de nous instruire
A ne faire jamais ce qui peut l'offenser.

XVII

DIEU peut tout, mes amis ; il faut par la prière
Obtenir ce qui doit faire notre bonheur,
Car c'est Lui qui du pauvre adoucit la misère,
Et qui du malheureux console la douleur.

XVIII

DIEU sait ce qu'il nous faut ; prions-le donc sans cesse,
Mais ne formons jamais de témaires vœux ;
Implorons sa bonté, laissons à sa sagesse
Le soin de tout prévoir et de nous rendre henraux.

XIX

PRIÈRE

« Mon DIEU, pour être heureux, hélas ! que puis-je faire?
« Vous savez mieux que moi quels sont mes vrais
[besoins,
« Le cœur de votre enfant s'en rapporte à vos soins ;
« Donnez-moi les vertus qu'il me faut pour Vous
[plaire. »

XX

LA PRIÈRE

Heureux celui qui sait prier !
Heureux celui dont la jeune âme,
Brûlant d'une céleste flamme,
S'élève vers son DIEU pour Le glorifier !
Quand l'astre du matin ramène la lumière,
J'admire son éclat, je bénis son retour ;
Et le front incliné, j'adresse ma prière
Au CRÉATEUR du jour.
Lorsque l'ombre descend du sommet des montagnes ;
Quand le doux astre qui la suit
D'un bleuâtre reflet colore nos campagnes,
J'adore l'Auteur de la nuit.
Qu'il est grand, qu'il est bon, l'Auteur qui fit le monde,
Le DIEU qui fut mon CRÉATEUR,
Qui daigne parler à mon cœur,
Et permet que je Lui réponde !
De quels maux puis-je être accablé,
Lorsque je sens qu'il entend ma prière?

Est-il quelque douleur amère
Dont en priant je ne sois consolé?
Quels plaisirs pourraient me séduire,
S'ils offensaient ce DIEU si bon?
Avec un cœur rebelle à son divin empire,
Oserais-je invoquer son nom?
Oh! oui, je l'oserais encore;
Sa suprême bonté pardonne au repentir,
Et le coupable qui l'implore
Est un fils égaré qui veut lui revenir.
Et quand ce fils se prosterne et supplie,
Le chœur des Chérubins se met à l'unisson :
« Voyez, dit-il, le pécheur prie,
« Entonnons l'hymne du pardon. »
Don sublime, douce prière,
Toi qui te fais entendre, à toute heure, en tous lieux,
Lien du ciel avec la terre,
Quelle âme ne connaît ton charme précieux?
Qu'es-tu? sinon la voix de l'innocence,
Le regard du pécheur élevé vers les cieux,
Le cri de la reconnaissance,
Ou le soupir du malheureux.

JUSSIEU.

DEVOIRS ENVERS NOUS-MÊMES

XXI

La prudence avertit, fait prévoir et choisir,
Garantit le présent et fonde l'avenir.

XXII

On ne devrait jamais s'affliger par avance :
L'événement souvent confond la prévoyance.

XXIII

LE POISSON VOLANT

Certain poisson-volant, mécontent de son sort,
   Disait à sa vieille grand'-mère :
  « Je ne sais comment je dois faire
  « Pour me préserver de la mort.
« De nos aigles marins je redoute la serre,
   « Quand je m'élève dans les airs;
   « Et les requins me font la guerre,
   « Quand je plonge au fond des mers. »
La vieille lui répondit : « Mon enfant, dans ce monde,
   « Lorsqu'on n'est pas aigle ou requin,

« Il faut tout doucement suivre un petit chemin,
« En nageant près de l'air et volant près de l'onde. »

FLORIAN.

XXIV

Ce qui peut conserver le plus notre santé,
Ce qui pare bien mieux qu'une grande parure,
Ce qu'aisément chacun tous les jours se procure,
C'est du corps, chers Lecteurs, l'extrême propreté.

XXV

N'examinons jamais la figure ou la mise,
Doit-on juger quelqu'un sur la mine ou l'habit ?
Tel néglige son corps qui pare son esprit :
Nous critiquons son air et lui notre sottise.

XXVI

Grâce au travail, Lecteur, nous renverrons bien loin,
Trois maux affreux : l'*ennui*, le *vice* et le *besoin*.

XXVII

Le travail, de nos jours, fait le charme et la gloire,
Au lieu que l'indolence est mère de l'ennui ;
Elle amène à sa suite, indigence, humeur noire ;
L'aisance, la santé ne viennent que de lui.

XXVIII

Étudier, enfant, étudier, c'est vivre.
Apprendre, c'est jouir, c'est acquérir un bien
Qui *seul*, des coups du sort n'ait à redouter rien ;
Qui tienne lieu de tout, et que rien ne remplace,
Que ne peuvent donner ni fortune ni place,
Qui nous aide à braver l'orage et les autans,
Et nous rende en hiver les roses du printemps.
Amassez les trésors que l'étude nous donne ;
Récoltez au printemps des moissons pour l'automne,
A nourrir votre esprit que votre ardeur soit vive !
Croyez-moi, mon enfant, c'est l'esprit qui captive,
Non cet esprit banal, qui s'épuise à trouver
De ces mots qui font rire et ne font point rêver ;
Mais cet esprit de choix que l'étude féconde,
Où, comme en un miroir se réfléchit le monde,
Et qui, dans nos salons, par un charmant secret,
De l'aimant sur le fer à l'invincible attrait.
Pour atteindre ce but, vous me direz peut-être
Que je devrais au moins vous indiquer un Maître
Qui pût guider vos pas dans ce chemin glissant.
Pour un que vous cherchez, je vous en offre cent :
Ces maîtres, c'est d'abord de Jésus l'Évangile,
C'est Homère et Platon, c'est Horace et Virgile,
C'est Corneille et Boileau, Racine et Fénelon,
Bossuet, Sévigné, Pascal et Massillon,
Nos bons auteurs enfin, et tous ceux dont la gloire
A gravé pour toujours les noms dans la mémoire.
Tous ces Maîtres pour vous sont les meilleurs, je crois.
Ne lisez, mon enfant, que des livres de choix
Où la saine morale au talent soit unie,
La raison à l'esprit, et le goût au génie.

Comme tout regarder conduit à ne rien voir,
Tout apprendre aujourd'hui mène à ne rien savoir.
Rappelez-vous l'enfant qui, se trouvant aux prises,
Seul, avec un panier tout rempli de cerises,
Des belles fit d'abord un choix judicieux.
S'il se fût arrêté, sans doute il eût fait mieux.
Comme il était gourmand, il n'en laissa pas une;
Il en mourut, hélas! C'est une loi commune
Que, même dans ses travaux, comme dans ses plaisirs,
L'*homme* pour être heureux doit borner ses désirs.

MENNECHET.

XXIX

Cherche à suivre en tout point la sage tempérance,
Un corps robuste et sain en est la récompense.

XXX

Il faut de sa santé, chers Lecteurs, prendre soin,
De la sobriété faire toujours usage,
Le gourmand veut aller au delà du besoin,
Se fait mal et périt à la fleur de son âge.

XXXI

Ami, sois économe et crains de t'endetter ;
On se ruine bientôt à force d'emprunter.
Donnons tout au besoin, rien à la fantaisie :
On se soutient par l'ordre et par l'économie.

XXXII

Il ne faut pas, Lecteur, être trop susceptible,
S'affliger pour un rien, être prompt à l'humeur.
Au moindre déplaisir se montrer trop sensible,
Des autres et de soi c'est faire le malheur.

XXXIII

Il faut pour être heureux, savoir se modérer.
Un cœur insatiable et qui toujours désire,
A son bonheur présent ne pouvant se borner,
Souvent, en cherchant mieux, finit par trouver pire.

XXXIV

LA MODÉRATION, PAR LOUBENS

Vous avez, m'a-t-on dit, vingt mille écus de rente ;
Tant pis : plus on possède et moins on se contente.
Jouissez-en pourtant, et que les malheureux
N'accusent point le Ciel qui vous traite mieux qu'eux.
Mais vivez-vous exclu des dons de la fortune ?
Eh bien ! concentrez-vous dans la sphère commune,
Et que votre bonheur, sagement dispensé,
Ne sorte point du cercle où DIEU vous a placé ;
Eût-il même au travail condamné votre vie,
Vous avez la santé, vos bras, votre industrie :
Soyez-en satisfait ; le bonheur ici-bas
Est encore le seul bien que l'or n'achète pas.
Vous n'êtes pas content, un pénible chagrin

Mêle son amertume aux bienfaits du destin.
Eh bien ! n'avez-vous pas l'avenir pour refuge,
Votre cœur pour témoin et votre DIEU pour juge?
N'est-ce donc rien enfin, pour l'humble humanité,
Que le droit de compter sur son *éternité?*
C'est là, c'est là le but où vous devez atteindre;
Voilà le seul désir qu'il ne faut pas restreindre.
Soyez immodéré dans l'amour des vertus :
DIEU vous fit-il parfait, veuillez l'être encore plus;
Vous voulez désirer, désirez qu'on vous aime.
Vous voulez dominer, dominez sur vous-même;
Soyez roi de votre âme, et, réglant son essor,
Asservissez sa force au caprice du sort.

LOUBENS.

XXXV

Il ne faut point, Lecteurs, toujours parler de soi,
De ce que l'on a fait, de ce que l'on doit faire :
Ou d'un sot ou d'un fat c'est l'ordinaire emploi.
Ne sait-on rien de mieux? Qu'on sache au moins se taire.

XXXVI

De l'indiscrétion, craignons l'effet funeste.
Celui qui sur chacun va disant ce qu'il sait,
Ne peut pas se douter de tout le mal qu'il fait;
Il brouille tout le monde et chacun le déteste.

XXXVII

La modestie est belle, enchâssée à propos :
Elle ajoute toujours au talent qu'on renomme,
Le pare, l'embellit ; c'est la pudeur de l'*homme ;*
Mais hors de son endroit, c'est la vertu des sots.

XXXVIII

Si nous nous écartons, Lecteurs, du droit chemin,
De suite amendons-nous pour revenir au bien.
Chaque *homme* peut errer, la vie est si fragile ;
Mais revenir au vrai, toujours nous est facile.

XXXIX

L'INNOCENCE ET LE REPENTIR

On dit que la Vertu, dans son palais, un jour,
    Voulut réunir sa famille.
Dès le matin paraît l'Innocence, sa fille,
Qu'accompagnent de loin le respect et l'amour.
    De ses simples grâces ornée,
    De roses blanches couronnée,
    Et en tenant une à la main,
Elle entre... Quel air pur ! Quel front calme et serein !
    En la voyant aussi parfaite,
    La vertu tendrement sourit,
    Et tout le palais retentit
    Des chants de triomphe et de fête.
    Le soir, arrive un inconnu,

Pâle, qui lève au ciel une paupière humide,
Et s'avance d'un pas incertain et timide,
Comme s'il redoutait de n'être pas reçu.
Sur ses traits est empreinte une douleur amère.
Ah! c'est le repentir si longtemps attendu,
    Dit avec douceur la vertu,
Ne le rebutez pas, je suis aussi sa mère.

JUSSIEU.

XL

Ne fréquentez jamais que des *hommes* de bien :
A l'*homme* vertueux tendez toujours la main;
Car, si vous ne vous liez qu'avec des gens honnêtes,
Sachant qui vous voyez, on saura qui vous êtes.

XLI

Contre la conscience, il n'est point de refuge;
Elle parle à nos cœurs, rien n'étouffe sa voix,
Et de nos actions, elle est tout à la fois :
La loi, l'accusateur, le témoin et le juge.

XLII

. . . . La conscience :
C'est cette voix secrète et cet instinct suprême
Qui, de sa volonté, précède et suit l'effet.
Qui l'écoute, est toujours en paix avec lui-même;
Et qui veut la tromper, y trouve son arrêt...

DEVOIRS ENVERS AUTRUI

XLIII

Du sage, tous les traits expriment la bonté;
Et l'indigent par lui n'est jamais rebuté.

XLIV

L'esprit, sans la bonté, n'est pas toujours aimable;
La bonté, sans l'esprit, manque souvent son but.
Être doué des deux est le plus estimable;
Heureux qui, dans son lot, tient le double attribut!
Il a tout : forme et fond, ce qui touche et décore;
Mais, s'il fallait choisir, — comme la charité
Vit de l'un, meurt de l'autre — il vaudrait mieux encore :
La bonté sans l'esprit que l'esprit sans bonté.

JULES DE GÈRES.

XLV

Que tous nos traits, Lecteurs, marquent la bienveillance,
Si nous voulons d'autrui attirer la confiance.

XLVI

A quoi nous servirait d'avoir de la richesse,
Si ce n'était, Lecteurs, pour aider le prochain?

Logés, vêtus, nourris avec délicatesse,
Songeons combien de gens n'ont pas même de pain.

XLVII

Tâchons de soulager toujours notre prochain;
Qu'en vain, jamais vers nous il ne tende la main;
Donnons, donnons toujours, mais avec patience,
Et ne comptons jamais sur la reconnaissance.

XLVIII

L'AUMONE

(Conseils d'un père à son fils)

Quand tu verras, mon fils, quelqu'un te demander,
N'oublie pas que, toujours il faut le soulager.
Secoure l'indigent, même sans qu'il demande!
Car il en est, mon fils, chez qui la honte est grande,
Qui n'osent demander ce dont ils ont besoin.
Tâche de leur donner, sans que leur front rougisse;
Échappe à leur regard, et que ta main leur glisse
    Ta petite aumône en un coin.
Ils en béniront mieux ton humble bienfaisance;
Ils célébreront mieux ton nom en ton absence,
Quand ils verront chez eux la trace de tes pas:
Et les petits enfants, rangés près de leur mère,
Répéteront à DIEU, ton nom dans leur prière,
    A DIEU, qui ne l'oubliera pas.

CHARLES LOUBENS.

CHARITÉ SPIRITUELLE

—

Voulez-vous au prochain faire un bien véritable?
Instruisez-le surtout dans la *pure* morale;
Faites-lui comprendre que la croyance en DIEU,
Est le premier devoir, et puis le plus précieux,
Qui incombe, ici-bas, à tous Êtres humains,
Qui tous, sans exception, sont ses enfants enfin.
Faites-lui connaître ses attributs immenses,
Lesquels sont les suivants : *Éternel* et *Immuable*,
Unique, *Immatériel*, et puis *Toute puissance*,
Tout à fait *juste* et *bon*, tout à fait *adorable*.
Tels sont les attributs que nous reconnaissons
Devoir appartenir à la DIVINITÉ,
Qui ne doit les avoir tous en sa possession,
Qu'au suprême degré, comme il a la bonté.
Dites-lui aussi que son âme est immortelle,
Et qu'alors au dehors de la vie matérielle
Elle a, pour son bonheur et sa félicité,
La vie spirituelle pour toute éternité.
Dites-lui encore qu'après la vie actuelle,
L'attend la jouissance purement spirituelle,
Si toutefois elle a le très grand avantage
D'accomplir, ici-bas, la sublime mission
Qui lui est imposée et qu'elle a en partage.
Dans tout cas opposé, aujourd'hui nous savons
Que, hors de cette vie, l'attend la punition,
Si, malheureusement, elle a la prétention
De vouloir s'exempter des devoirs imposés
A tous Êtres humains, par la DIVINITÉ.

C'est, dans le premier cas, la progression pour elle,
Autrement dit la vie plus heureuse et plus belle;
Et dans le second cas, c'est à recommencer,
Ce qui, pour elle alors, ne peut que l'affliger.
Simple en est la raison : c'est que recommencer,
C'est subir de nouveau les souffrances passées
Et se voir obligé, alors, de réparer
Ce que l'on a mal fait, les fautes du passé.
Pour cela, de nouveau lui faudra s'incarner
Sur le même globe qu'elle a déjà quitté;
Ce qui l'obligera encoré à supporter
Les mêmes souffrances que dans ledit passé.
Faisons bien ici-bas et nous éviterons
Dans la vie future que nous devons subir,
Des malheurs aussi grands et que nous redoutons ;
Du vrai bonheur, alors, tous nous pourrons jouir.

A. B.

XLIX

LE PAUVRE HONTEUX

Il ne demande pas; mais sur son front livide,
Ah! ne lisez-vous pas ces mots affreux : « J'ai faim. »
Il ne demande pas; il est fier et timide :
Lui refuserez-vous, hélas! un peu de pain.
Hâtez-vous, le temps presse; quelques moments encore,
Et peut-être, à vos pieds, vous le verrez mourir.
La faim, depuis trois jours, le ronge, le dévore;
Il ne demande pas, car il faudrait rougir.
Il fut soldat, dit-on; soldat, il était brave.
J'entendais autrefois célébrer sa vertu;
Oui, ce regard n'est pas le regard d'un esclave;
Il a, n'en doutons pas, vaillamment combattu.

« Emmenons ce vieillard dans notre humble chaumière,
Père, ce n'est pas lui qui nous appauvrira.
Il portera bonheur à la famille entière ;
Emmenons-le, mon Père, et DIEU nous bénira. »

BOUCHER DE PERTHES.

L

LA PITIÉ

De trop d'amour de soi découlent tous les vices,
Les crimes, les fureurs, les froides injustices ;
Oui, dans le cœur humain, s'il n'est pas combattu,
Le féroce égoïsme éteint toute vertu.
Mais, pour servir de frein à ce penchant funeste,
DIEU daigna nous doter d'un sentiment céleste ;
C'est la compassion, c'est la tendre pitié,
Qui, dans ses mouvements, ressemble à l'amitié :
Sans ce doux sentiment qui le rend sociable,
L'*homme* n'aurait été qu'une brute effroyable ;
Mais il reçut un cœur formé pour s'attendrir,
Aux accents du malheur un cœur prompt à s'ouvrir ;
Achille sur Priam verse de nobles larmes,
D'un sympathique nœud qui n'a senti les charmes ?
Vivre en soi ce n'est rien ; il faut vivre en autrui.
A qui puis-je être utile, agréable aujourd'hui ?
Voilà chaque matin ce qu'il faudrait se dire ;
Et le soir, quand des cieux la clarté se retire,
Heureux à qui son cœur tout bas a répondu :
Ce jour qui va finir je ne l'ai pas perdu ;
Grâce à mes soins, j'ai vu, sur une face humaine,
La trace d'un plaisir ou l'oubli d'une peine !

Que la société porterait de doux fruits,
Si par de tels pensers nous étions tous conduits!
Demandons à ce DIEU qui veut que l'on pardonne,
D'aimer et d'être aimés, de ne haïr personne;
De réprimer en nous un instinct sec et dur
Et d'y développer ce penchant doux et pur,
Cet amour du prochain que sa loi nous commande :
C'est la perfection où je veux qu'on prétende.
Je l'ai prêché cent fois, je le répète encor,
D'un seul bon sentiment si j'ai hâté l'essor,
Ou si d'une vertu j'ai jeté la semence,
Ces vers, ces faibles vers ont eu leur récompense.

ANDRIEUX.

LI

Riches, soyez humains, tendres et généreux,
Quel bien vaut le bonheur de rendre un *homme* heureux?

LII

En tout temps, cher Lecteur, une adroite indulgence
Punit mieux les forfaits qu'une extrême vengeance.

LIII

Sévères pour nous seuls, indulgents pour autrui,
Supportons sans humeur tous les défauts des autres;
Il faut, si nous voulons le pardon pour les nôtres,
Pour l'obtenir demain l'accorder aujourd'hui.

LIV

Les rois pour effrayer ont la toute puissance;
Mais pour gagner les cœurs ils n'ont que la clémence.

LV

Si quelqu'un nous blesse et nous nuit,
Quelque grande que soit l'offense,
Laissons l'espace d'une nuit
Entre l'*injure* et la *vengeance* :
L'aurore à nos yeux rend moins noir
Le mal qu'on nous a fait la veille ;
Et tel qui s'est vengé le soir,
En est fâché lorsqu'il s'éveille.

Panard.

LVI

Ne soyons point ingrats du bien qu'on peut nous faire.
Des services reçus on doit se souvenir ;
Et la reconnaissance est un juste salaire,
Qui, dans un cœur bien né, ne doit jamais finir.

LVII

Aux intérêts d'autrui sacrifions les nôtres,
Et souffrons s'il le faut pour le bonheur d'autrui ;
Par dévouement, c'est bien ce qu'ont fait les apôtres,
Et ce que la vertu fait encore aujourd'hui.

LVIII

Soulager, c'est beaucoup ; mais l'affabilité
     Rehausse notre aumône,
Et recommande à DIEU, pour leur éternité.
Celui qui la reçoit et celui qui la donne.

LIX

Les *hommes* ont entr'eux fait la convention
D'égards et de devoirs qu'on nomme politesse.
Pour peu qu'on ait d'usage et d'éducation,
On doit à ses égards se conformer sans cesse.

LX

Soyons, amis Lecteurs, toujours de bonne foi,
Et n'examinons pas si le vrai peut nous nuire;
Il faut, avec honneur si l'on veut se conduire,
Être juste pour tous et sévère pour soi.

LXI

C'est par le cœur qu'on plaît et qu'on peut longtem
                            [plaire,
L'esprit lasse aisément, si le cœur n'est sincère.

LXII

Jamais, dans aucun cas, on ne doit se permettre
D'oublier sa promesse ou d'y contrevenir.
Réfléchissons longtemps avant que de promettre;
Mais, quand nous promettons, songeons qu'il faut teni

LXIII

Vouloir n'aimer personne est un bien faux système.
Que je plains *l'homme* froid dont le cœur est fermé!
On ne peut être heureux qu'en étant bien aimé;
On ne peut être aimé qu'en aimant bien soi-même.

LXIV

Le code des devoirs d'une sainte amitié
N'est pas de ceux, Lecteurs, qu'on peut faire connaître !
Il doit être senti, jamais étudié;
Et c'est à notre cœur à nous servir de maître.

DEVOIRS GÉNÉRAUX DE L'HOMME

PAR FÉNELON

LXV

Rendez au CRÉATEUR ce que l'on doit lui rendre (1) !
Réfléchissez avant que de rien entreprendre.
Point de société qu'avec d'honnêtes gens,
Et ne vous flattez point de vos heureux talents.

Conformez-vous toujours aux sentiments des autres,
Cédez honnêtement si l'on combat les vôtres.
Donnez attention à tout ce qu'on vous dit,
Et n'affectez jamais d'avoir beaucoup d'esprit.

N'entretenez personne au delà de sa sphère,
Et dans tous vos discours, tâchez d'être sincère.
Tenez votre parole inviolablement,
Et ne promettez rien inconsidérément.

Soyez officieux, complaisant, doux affable,
Et pour tous les humains d'un abord favorable.

---

1. Ce que l'on doit rendre au CRÉATEUR, c'est l'accomplissement de tous nos devoirs directs envers LUI; lesquels devoirs directs sont tous compris dans la deuxième partie de cet écrit.

Sans être familier, ayez un air aisé ;
Ne décidez de rien qu'après avoir jugé.

Aimez sans intérêt, pardonnez sans faiblesse ;
Choisissez vos amis avec délicatesse ;
Cultivez avec soin l'amitié d'un chacun.
A l'égard des procès n'en intentez aucun.

Ne vous informez point des affaires des autres ;
Sans affectation taisez-vous sur les vôtres.
Prêtez de bonne grâce avec discernement ;
S'il faut récompenser, faites-le noblement.

En quelque heureux état que vous puissiez paraître,
Que ce soit sans excès et sans vous méconnaître.
Compatissez toujours aux disgrâces d'autrui.
Supportez ses défauts, vivez bien avec lui.

Surmontez les chagrins où l'esprit s'abandonne,
N'usez de raillerie envers nulle personne.
Où la discorde règne, apportez-y la paix,
Et puis ne vous vengez qu'à force de bienfaits.

Reprenez sans aigreur, louez sans flatterie,
Riez paisiblement, entendez raillerie.
Estimez un chacun dans sa profession,
Et ne critiquez point par ostentation.

Ne reprochez jamais le plaisir que vous faites,
Mais le mettez au rang des affaires secrètes.
Prévenez les besoins d'un ami malheureux,
Sans prodigalité montrez-vous généreux.

Modérez les transports d'une bile naissante,
Et ne parlez qu'en bien d'une personne absente.
Fuyez l'ingratitude et vivez sobrement :
Jouez pour le plaisir et perdez noblement.

Pensez bien, parlez peu et n'offensez personne,
Faites toujours grand cas de ce que l'on vous donne.
Ne tyrannisez point le pauvre débiteur,
Pour lui, comme pour vous, soyez de bonne humeur.

Au bonheur du prochain ne portez point envie,
Et ne divulguez point ce que l'on vous confie.
Ne vous vantez de rien, gardez votre secret,
Et vous aurez, Lecteurs, du sage le brevet.

MAXIMES — PROVERBES — TABLEAU SYNOPTIQUE

MAXIMES. — On appelle *Maxime*, toute proposition générale touchant la vertu, la sagesse, les mœurs, la science, toute Doctrine religieuse, etc. Condillac a dit que toute observation qui tient plus à la pratique est une maxime, et que toute observation qui tient plus à la théorie est un principe. Cette distinction est fondée. Les anciens, qui ne séparaient guère ces deux objets, n'avaient cependant pas un très grand nombre de maximes. L'usage des maximes a été plus fréquent et plus général aux époques où la société s'est trouvée soumise à une discipline régulière, à des dogmes, à des principes bien déterminés, à des mœurs et coutumes résultant en grande partie de ces mœurs ou de ces principes. Il est naturel à l'esprit humain de systématiser ses idées, ses actes, sa vie, de rechercher la simplification, la clarté, la force, l'ordre, et de concentrer, quand il le peut, dans des formules brèves et d'autant plus fécondes qu'elles disent plus et mieux en moins de mots, les résultats de ses diverses combinaisons et de ses efforts. Une vérité une fois admise, la logique veut qu'on la suive; elle devient pour nos actes une sorte de file, un guide, un support, un flambeau. On peut dire, en toute vérité, que celles qui se rapportent à la morale sont la sauvegarde de la vertu. Telles sont les vingt-six admirables maximes suivantes, d'Allan Kardec.

1. Le but essentiel du Spiritisme est l'amélioration des *hommes*. Il n'y faut chercher que ce qui peut aider au progrès moral et intellectuel.

2. Le vrai Spirite n'est pas celui qui croit aux manifestations, mais celui qui met à profit l'enseignement donné par les Esprits. Rien ne sert de croire, si la croyance ne fait pas faire un pas en avant dans la voie du progrès, et ne rend pas meilleur pour son prochain.

3. L'égoïsme, l'orgueil, la vanité, l'ambition, la cupidité, la haine, l'envie, la jalousie, la médisance sont pour l'âme des herbes vénéneuses dont il faut chaque jour arracher quelques brins, et qui ont pour contrepoison : la *charité* et l'*humilité*.

4. La croyance au Spiritisme n'est profitable qu'à celui dont on peut dire : « Il vaut mieux aujourd'hui qu'hier ».

5. L'importance que *l'homme* attache aux biens temporels est en raison inverse de sa foi dans la vie spirituelle; c'est le doute sur l'avenir qui le porte à chercher ses joies en ce monde en satisfaisant ses passions, fût-ce même aux dépens de son prochain.

6. Les afflictions sur la terre sont les remèdes de l'âme; elles le sauvent pour l'avenir comme une opération chirurgicale douloureuse sauve la vie d'un malade et lui rend la santé. C'est pourquoi le Christ a dit : « Bienheureux les affligés, car ils seront consolés. »

7. Dans vos afflictions regardez au-dessous de vous et non au-dessus; songez à ceux qui souffrent encore plus que vous.

8. Le désespoir est naturel chez celui qui croit que tout finit avec la vie du corps; c'est un non sens chez celui qui a foi en l'avenir.

9. L'*homme* est souvent l'artisan de son propre malheur ici-bas; qu'il remonte à la source de ses infortunes, et il verra qu'elles sont pour la plupart le résultat de son imprévoyance, de son orgueil et de son avidité, et par conséquent de son infraction aux lois de DIEU.

10. La prière est un acte d'adoration. Prier DIEU, c'est penser à Lui; c'est se rapprocher de Lui; c'est se mettre en communication avec Lui.

11. Celui qui prie avec ferveur et confiance est plus fort contre les tentations du mal, et DIEU lui envoie de bons Esprits pour l'assister. C'est un secours qui n'est jamais refusé, quand il est demandé avec sincérité.

12. L'essentiel n'est pas de beaucoup prier, mais de bien prier. Certaines personnes croient que tout le mérite est dans la longueur de la prière, tandis qu'elles ferment les yeux sur leurs propres défauts. La prière est pour elles une occupation, un emploi du temps, mais non une étude d'elles-mêmes.

13. Celui qui demande à DIEU le pardon de ses fautes ne l'obtient qu'en changeant de conduite. Les bonnes actions sont la meilleure des prières, car les actes valent mieux que les paroles.

14. La prière est recommandée par tous les bons Esprits; elle est, en outre, demandée par tous les Esprits imparfaits comme un moyen d'alléger leurs souffrances.

15. La prière ne peut changer les décrets de la PRO-VIDENCE; mais, en voyant qu'on s'intéresse à eux, les Esprits souffrants se sentent moins délaissés; ils sont moins malheureux; elle relève leur courage, excite en eux le désir de s'élever par le repentir et la réparation, et peut les détourner de la pensée du mal. C'est en ce sens qu'elle peut non seulement alléger, mais abréger leurs souffrances.

16. Priez chacun selon vos convictions et le mode que vous croyez le plus convenable, car la forme n'est rien, la pensée est tout; la sincérité et la pureté d'intention, c'est l'essentiel; une bonne pensée vaut mieux que de nombreuses paroles, qui ressemblent au bruit d'un moulin et où le cœur n'est pour rien.

17. DIEU a fait les *hommes* forts et puissants pour être les soutiens des faibles; le fort qui opprime le faible est maudit de DIEU; il en reçoit souvent le châtiment en cette vie, sans préjudice de l'avenir.

18. La fortune est un dépôt dont le possesseur n'est que l'usufruitier, *puisqu'il ne l'emporte pas avec lui dans la tombe* ; il rendra un compte sévère de ce qu'il en aura fait.

19. La fortune est une épreuve plus glissante que la misère, parce qu'elle est une tentation vers l'abus et les excès, et qu'il est plus difficile d'être modéré que d'être résigné.

20. L'ambitieux qui triomphe et le riche qui se repaît de jouissances matérielles sont plus à plaindre qu'à envier, car il faut voir le retour. Le Spiritisme, par les terribles exemples de ceux qui ont vécu et qui viennent révéler leur sort, montre la vérité de cette parole du

Christ : « Quiconque s'élève sera abaissé, et quiconque s'abaisse sera élevé. »

21. La charité est la loi suprême du Christ; « Aimez-vous les uns les autres comme des frères ; — aimez votre prochain comme vous-même ; — pardonnez à vos ennemis ; — ne faites pas à autrui ce que vous ne voudriez pas qu'on vous fît » ; tout cela se résume dans le mot *charité.*

22. La charité n'est pas seulement dans l'aumône, car il y a la charité en pensées, en paroles et en actions. Celui-là est charitable en pensées, qui est indulgent pour les fautes de son prochain ; charitable en paroles, qui ne dit rien qui puisse nuire à son prochain ; charitable en actions, qui assiste son prochain dans la mesure de ses forces.

23. Le pauvre qui partage son morceau de pain avec un plus pauvre que lui, est plus charitable et a plus de mérite aux yeux de DIEU, que celui qui donne de son superflu sans se priver de rien.

24. Quiconque nourrit contre son prochain des sentiments d'animosité, de haine, de jalousie et de rancune, manque de charité. Il ment s'il se dit Chrétien, et il offense DIEU.

25. *Hommes* de toutes castes, de toutes sectes et de toutes couleurs, vous êtes tous frères, car DIEU vous appelle tous à Lui ; tendez-vous donc la main, quelle que soit votre manière de l'adorer, et ne vous lancez pas l'anathème, car l'anathème est la violation de la loi de charité proclamée par le Christ.

26. Avec l'égoïsme, les *hommes* sont en lutte perpétuelle : avec la charité, ils seront en paix. La charité,

faisant la base de leurs institutions, peut donc seule assurer leur bonheur en ce monde ; selon les paroles du Christ, elle seule peut aussi assurer leur bonheur futur, car elle renferme implicitement toutes les vertus qui peuvent les conduire à la perfection. Avec la vraie charité, telle que l'a enseignée et pratiquée le Christ, plus d'égoïsme, d'orgueil, de haine, de jalousie, de médisance ; plus d'attachement désordonné aux biens de ce monde. C'est pourquoi le *Spiritisme chrétien* a pour maxime : HORS LA CHARITÉ, POINT DE SALUT.

MAXIMES D'ÉPICTÈTE

PHILOSOPHE STOICIEN.

1. Il ne dépend pas de toi d'être riche, mais il dépend de toi d'être heureux. Les richesses mêmes ne sont pas toujours un bien, et certainement elles sont toujours de peu de durée; mais le bonheur, qui vient de la sagesse, dure toujours.

2. Il est aussi difficile aux riches d'acquérir la sagesse, qu'aux sages d'acquérir la richesse.

3. Ce n'est pas la pauvreté qui afflige, mais le désir; de même ce ne sont pas les richesses qui délivrent de toute crainte, mais la raison.

4. L'esclavage du corps, c'est l'ouvrage de la fortune; l'esclavage de l'âme, c'est l'ouvrage du vice. Celui qui a la liberté du corps, s'il a l'âme liée et garottée, est esclave, et celui qui a l'âme libre a beau être chargé de chaînes, il jouit d'une pleine liberté. Que peut être, en effet, la liberté du corps comparativement à la liberté de l'esprit. La mort détruit l'un et ne fait qu'augmenter la liberté de l'autre.

5. N'orne point ta maison de tableaux et de belles peintures, mais fais-y éclater partout la sagesse et la tempérance. Les tableaux ne sont qu'une imposture pour repaître et tromper les yeux, au lieu que la sagesse est un ornement solide, réel et durable.

6. Comme les fanaux qu'on allume dans les ports sont d'un grand secours aux vaisseaux qui ont perdu leur route, de même un homme de bien, dans une ville battue de la tempête, est d'un grand secours à ses Concitoyens.

7. Nous craignons tous la mort du corps, mais la mort de l'âme, qui est-ce qui la craint ?

8. Tout ce qui arrive dans le monde fait l'éloge de la PROVIDENCE. Donne-moi un *homme* qui soit intelligent ou reconnaissant, il le comprendra.

9. Si la DIVINITÉ avait fait les couleurs et qu'elle n'eût pas fait les yeux capables de les voir et de les distinguer, à quoi auraient-elles servi ? Et si elle avait fait les couleurs et les yeux sans créer la lumière, de quelle utilité auraient été les couleurs et les yeux ? Qui est l'Auteur de cette alliance si merveilleuse ? C'est la DIVINITÉ. Il y a donc une PROVIDENCE.

10. La DIVINITÉ t'a donné des armes pour résister à tous les évènements les plus fâcheux. Elle t'a donné la *grandeur d'âme*, la *force*, la *patience*, la *constance*. Sers-t'en donc, on sinon avoue que tu as mis bas les armes dont elle t'avait fortifié.

11. La grandeur de l'esprit ne se mesure pas par l'étendue ; elle se mesure par la rectitude du jugement.

12. Que fait un *homme* qui poursuit la femme de son prochain ? Il foule aux pieds la pudeur, la fidélité ; il viole le voisinage, l'amitié, la société, les lois les plus saintes. Il ne peut être regardé comme un ami, ni comme voisin, ni comme citoyen ; il n'est qu'une véritable brute, bonne tout au plus à satisfaire ses passions purement animales.

13. *Les femmes sont communes, c'est la loi de la nature,*

disait à Diogène un débauché qui avait été surpris en
adultère. Diogéne lui répondit : « Les viandes qu'on sert
à table sont communes d'abord ; mais dès que les por-
tions sont faites et distribuées, tu aurais perdu toute
pudeur et toute honte, si tu allais prendre la part de ton
voisin sur son assiette. Le théâtre est commun à tous les
Citoyens, mais sitôt que les places sont prises, tu ne
peux ni ne dois déplacer ton voisin pour te mettre à sa
place. Les femmes sont communes de même, mais sitôt
que le législateur les a distribuées, et qu'elles ont chacune leur mari, en bonne foi, t'est-il permis de ne pas te
contenter de la tienne et de prendre celle de ton voisin ?
Si tu le fais, tu n'es plus un homme, mais une véritable
brute, et même des plus coupables.

14. Ce n'est pas une chose bien commune de remplir
ce qu'exige la qualité d'*homme*. C'est un animal mortel,
doué de raison, et c'est par la raison qu'il est séparé des
bêtes. Toutes les fois donc qu'il s'éloigne de la raison,
qu'il agit sans raison, l'*homme* périt et la bête se
montre.

15. Nous ressemblons à ceux qui ont de grandes provisions, et qui demeurent maigres et décharnés, parce
qu'ils ne s'en nourrissent point. Nous avons de beaux
préceptes, de belles maximes, mais c'est pour en discou-
rir et non pour les pratiquer ; nos actions démentent nos
paroles, et nous en subissons les conséquences, qui toujours sont déplorables.

16. Personne ne peut être [méchant et vicieux, sans
une perte sûre et sans un dommage certain.

17. *Ne faut-il pas que je me venge et que je rende le
mal qu'on m'a fait ?* Eh ! mon ami, si un tel s'est blessé
lui-même en te faisant injustice, pourquoi veux-tu te
blesser aussi toi-même en la lui rendant ?

18. Tu veux plaire à la DIVINITÉ, souviens-toi donc qu'elle ne haït rien tant que l'impureté et l'injustice.

19. Ceux qui soutiennent qu'il n'y a pas de vérité connue, démentent ce principe par une prétendue vérité. Que ce qu'ils disent soit vrai ou faux, il est une vérité connue.

20. Il n'y a que le sage qui soit capable d'amitié. Comment celui qui ne sait pas connaitre ce qui est bon ou mauvais pourrait-il aimer ?

21. Tu vois jouer ensemble ces petits chiens, ils se caressent, ils s'accolent, ils se flattent, ils te paraisssent bons amis. Jette un petit os au milieu d'eux, et tu verras. Telle est le plus souvent l'amitié sur cette terre.

22. Les sentinelles demandent le mot du guet à tous ceux qui approchent. Fais de même, demande le mot du guet à tout ce qui se présente à ton imagination, et tu ne seras jamais surpris.

23. Les relations ne sont pas indifférentes. Si tu hantes parfois un vicieux, à moins que tu ne sois bien fortifié, il y a plus à craindre qu'il te corrompera qu'il y a à espérer que tu te corrigeras. Puisqu'il y a donc tant de danger dans le commerce des ignorants, il ne faut en user qu'avec beaucoup de sagesse et de prudence.

24. La DIVINITÉ a créé tous les *hommes*, afin qu'ils soient heureux ; ils ne sont malheureux que par leur faute. En veux-tu la preuve ? C'est parce que le bonheur et le désir ne peuvent se trouver ensemble.

25. Mon devoir pendant que je suis en vie, c'est de remercier la DIVINITÉ de tout, de la louer de tout, et de ne cesser de la remercier ici-bas qu'en cessant de vivre.

26. Chasse tes désirs, tes craintes, et il n'y aura plus de tyran pour toi.

27. Si tu es vicieux, que les reproches et les railleries de tes amis ne t'empêchent pas de changer de vie. Aimes-tu mieux rester vicieux et leur déplaire que de leur plaire en devenant vertueux.

28. Le principal n'est pas d'écrire ou de lire de belles maximes, mais de les suivre.

29. Tu cesses pour un moment d'avoir de l'attention sur toi-même, et tu te flattes que tu la reprendras quand il te plaira. Tu te trompes. Une légère faute négligée aujourd'hui te précipitera demain dans une plus grande, et cette négligence répétée formera enfin une habitude que tu ne pourras plus corriger.

30. Quand tu dis que tu te corrigeras demain, sache que c'est dire qu'aujourd'hui tu veux être *impudent, débauché, lâche, emporté, envieux, injuste, intéressé, perfide.* Vois combien de maux tu te permets. — *Mais demain je serai un autre homme.* — Pourquoi pas plutôt aujourd'hui ? Commence aujourd'hui à te préparer pour demain, autrement tu remettras encore.

31. L'*homme* vicieux a honte d'avoir un corps difforme, et ne rougit pas d'avoir une âme avilie.

32. Avant d'entreprendre une action quelconque, regardons bien ce qui la précède et la conséquence probable qui peut en résulter. Sans quoi, primitivement, elle pourra nous plaire ; mais, par la suite, elle pourra nous nuire et nous couvrir de confusion.

33. Garde-toi bien de jouer le rôle de plaisant, c'est un méchant caractère et un pas glissant qui te fera tomber insensiblement dans les manières basses et mépri-

sables, et feront perdre aux autres le respect et la considération qu'ils ont pour toi.

34. Il est très dangereux de se laisser aller à des discours obscènes, et quand tu te trouveras à ces sortes de conversations, ne manque pas, si l'occasion le permet, de tancer celui qui tient ces discours ; sinon garde au moins le silence, et fais connaître par la rougeur de ton front et par la sévérité de ton visage, que ces sortes de conversations ne te plaisent point.

35. Un médecin vient voir un malade, il lui dit : « Vous avez la fièvre, abstenez-vous pour aujourd'hui de toute nourriture, et ne buvez que de l'eau ». Le malade le croit, le remercie et le paye. — Un philosophe dit à un ignorant : « Vos désirs sont déréglés et vos opinions sont fausses ». Il s'en va tout en colère, et dit qu'on l'a maltraité. D'où vient cette différence ? C'est que le malade sent son mal, et que l'ignorant ne sent pas le sien.

36. Quand ton imagination tâche de te séduire par quelques idées de luxure, ne te laisse point entraîner, mais dis-lui sur l'heure : attends mon imagination que je vois un peu ce que tu es et ce que tu me présentes, que je t'examine. Ne lui permet pas de passer plus avant et de faire des images plus séduisantes, car si tu la laisses faire, tu es perdu ; elle t'entraînera. Au lieu de ces peintures traîtresses, force-la à te présenter des images plus heureuses, plus belles et plus nobles. Voilà le seul moyen de lui échapper.

PROVERBES

Le *proverbe* n'est pas autre chose qu'une *maxime* exprimée en peu de mots et devenue commune et vulgaire. On dit communément que les proverbes sont la *sagesse des Nations*; mais que de préjugés circulent et se perpétuent sous le couvert des proverbes ! Aussi ne doit-on les accepter que sous la réserve de la conscience individuelle. Ceux, au nombre de *cent quinze*, dont nous allons faire mention ici, dans l'unique but d'être agréable à nos bien-aimés Lecteurs (ce qui nous engage à les numéroter, pour qu'ils puissent mieux se rappeler de ceux qui les intéresseront davantage), seront probablement tous agréés par eux, du moins nous en avons l'espoir.

PROVERBES DIVERS.

1. — A qui sait attendre, tout arrive à point.

2. — Dis-moi qui tu hantes, et je te dirai qui tu es.

3. — Qui trop embrasse, mal étreint.

4. — La prudence est le flambeau qui doit nous conduire au travers des ténèbres de la vie.

5. — Il faut se méfier davantage d'un ennemi caché, que de celui qui est à découvert.

6. — Les plaintes sont les armes de la faiblesse.

7. — Pardonner au méchant, c'est lui prouver qu'on vaut mieux que lui.

8. — Aimer la vertu ne suffit pas ; il faut savoir la pratiquer.

9. — Avec de la patience et de la persévérance on vient à bout des choses les plus difficiles.

10. — Donne des coups à ton chien, il ne te quittera pas ; cesse un instant de faire du bien à ton semblable, il t'abandonnera.

11. — La grandeur d'âme ne consiste pas à se venger, mais à pardonner.

12. — Ne mène pas trop grand train dans la carrière de la vie, si tu veux arriver au but sans accident.

13. — Le pauvre satisfait de son sort est plus heureux que le potentat ambitieux.

14. — La vie est un sommeil dont la mort est le réveil.

15. — Il vaut mieux s'exposer à l'ingratitude que de refuser à l'indigence.

16. — Garde-toi de quitter un vieil ami pour une nouvelle connaissance.

17. — Le vrai sage est celui qui se rend maître de ses passions.

18. — Sois sobre : un corps trop gras maigrit l'âme.

19. — Le travail est le plus sûr gardien de la vertu des femmes : l'oisiveté est la mère de tous les vices.

20. — La lumière réjouit l'homme *honnête* et trouble le scélérat.

21. — Sois sévère pour toi et indulgent pour les autres, et tu seras l'ami de tout le monde.

22. — Montrer le bon exemple à ses enfants : c'est la meilleure manière de leur apprendre la pratique de la vertu, et *vice-versâ*.

23. — Ne passons pas notre vie à n'amasser que de l'or, car nous n'emporterons pas une obole de ce monde.

24. — Il faut imprimer le cachet sur la cire pendant qu'elle est chaude, et redresser l'arbre quand il est jeune.

25. — Pour le sage, il y a deux faims qui ne s'assouvissent jamais : celle de la science et celle des bienfaits.

26. — Souvent la joie d'un moment nous cause des années de tristesse.

27. — L'amour *immodéré* du monde et des richesses, est la source de tous les crimes.

28. — L'imagination est une vaste plaine où l'on risque de s'égarer, si l'on n'est conduit par la raison.

29. — Ne donnons qu'à ceux qui ont besoin, et ne renvoyons jamais l'indigent les mains vides.

30. — L'*homme* instruit qui ne sait pas profiter de son savoir, ressemble à l'aveugle qui porte un flambeau : il éclaire les autres, sans pouvoir s'éclairer lui-même.

31. — Ce ne sont ni les richesses, ni les honneurs qui font les grands *hommes ;* ce sont leurs actions.

32. — Celui qui prend plaisir à entendre médire, devient médisant lui-même.

33. — Si tes ennemis sont divisés, sois tranquille s'ils sont liés d'amitié, sois sur tes gardes.

34. — Le père qui néglige l'éducation de ses enfants est comme le laboureur qui néglige son champ.

35. — Ecouter les plaintes des malheureux, est le devoir de la sagesse.

36. — Rire sans sujet, est preuve de peu de sens et de mauvaise éducation.

37. — Ne méprisons jamais un bon conseil, de quelque part qu'il nous vienne.

38. — La science est un trésor qui ne se perd jamais; les plaisirs s'usent et sont de courte durée;

39. — Chercher à convaincre celui qui ne veut pas croire, c'est perdre son temps.

40. — Tendons la main à celui qui chancelle, et la PROVIDENCE nous soutiendra.

41. — Mieux vaut souffrir de la part d'autrui que de le faire souffrir.

42. — Qui veut cueillir des roses doit s'attendre à être blessé par leurs épines.

43. — Le mensonge passe, mais la vérité est éternelle.

44. — La parole est la marque de l'esprit de l'*homme*; ses actions, celle de son cœur.

45. — Les bienfaits ne sont jamais perdus : c'est une graine tardive qui, tôt ou tard, produit un fruit plein de douceur.

46. — Il vaut mieux être l'esclave des *hommes* que de ses passions.

47. — L'éloquence la plus pernicieuse est celle qui tend à corrompre les mœurs.

48. — Trop souvent, hélas ! la pitié est le masque dont se couvre le vice.

49. — Se vaincre soi-même est la victoire la plus difficile.

50. — Plus ton ennemi sera souple et rampant, plus il faut te méfier de lui.

51. — La raillerie est une arme dangereuse, qui nous attire beaucoup d'ennemis.

52. — Mieux vaut orner son esprit que son corps.

53. — La plus grande des lâchetés, est de ne pas faire le bien quand on le peut.

54. — Celui qui n'aime pas à faire d'excuse, ne doit offenser personne.

55. — L'*homme* le plus heureux, est celui qui fait le plus de bien par amour pour DIEU.

56. — La paresse a pour compagnons l'ennui, la pauvreté et le vice.

57. — La science est la richesse du pauvre et l'ornement du riche.

58. — Fais tes provisions l'été pour vivre l'hiver, tu éviteras l'indigence.

59. — Le sage fait le bien sans s'en glorifier ; l'hypocrite s'en glorifie et ne le fait pas.

60. — L'ami *sincère*, malgré son indigence, peut quelquefois nous rendre de grands services.

61. — Eloigne-toi de tes ennemis sans les irriter.

62. — L'aumône qu'on fait à l'indigence, est une pluie douce sur une terre altérée.

63. — L'*homme* de mérite recherche continuellement la sagesse ; le sot croit seul l'avoir rencontrée.

64. — Jouissons, mais sagement, des plaisirs de la vie, car DIEU ne nous a pas placés dans un parterre couvert de fleurs pour nous en interdire l'usage.

65. — Il y a des gens qui pensent sans parler, et beaucoup d'autres qui parlent sans penser : les premiers s'instruisent et les autres disent des sottises.

66. — La bienfaisance est la première des vertus sociales.

67. — L'espérance est le soutien des malheureux.

68. — Méfions-nous des habitudes, car elles deviennent bientôt une seconde nature.

69. — Celui qui rit à tout propos, s'expose à faire rire à ses dépens.

70. — Ne te fie pas plus aux caresses de ton ennemi qu'aux louanges d'un flatteur.

71. — Celui qui tend un piège à l'innocence n'inspire que *la pitié*, tellement son acte est *méprisable*.

72. — Faire la charité en cachette est digne d'éloge ; mais celle faite ouvertement ne l'est pas moins, car très-souvent elle produit davantage.

73. — Le savant qui ne propage pas ses connaissances est semblable à un flambeau qui éclaire une maison vide ; c'est un Être inutile.

74. — Le repentir va de pair avec l'étourderie, et la satisfaction avec la prudence.

75. — Le *bien-être* est d'avoir le nécessaire et non le superflu ; tandis que le *bonheur* exige l'un et l'autre pour pouvoir soulager l'indigence.

76. — Le bien et le mal ne peuvent pas plus s'associer que l'eau et le feu.

77. — Un *homme* sans argent est comme un oiseau sans ailes ou un navire sans voiles.

78. — Le riche vraiment estimable, est celui dont les actes de bienfaisance sont en rapport avec sa fortune.

79. — Le véritable repentir a toujours droit au pardon, et malheureux et bien à plaindre serait celui qui lui refuserait.

80. — Dans un discours, c'est se rendre ridicule que d'exprimer de petites pensées avec de grands mots.

81. — L'art est plus difficile que la critique, et la pratique que la théorie.

82. — L'ignorant tient d'autant plus à ses superstitions, que l'on fait plus d'efforts pour l'en arracher.

83. — Celui à qui l'on donne, écrit sa reconnaissance sur le sable ; celui à qui l'on ôte, inscrit sa haine sur l'airain.

84. — L'ambition est comme l'espace, elle n'a pas de bornes.

85. — Les ambitieux trouvent la disette dans l'abondance, rien ne peut les rassasier.

86. — Le meilleur remède contre l'affliction, est la résignation.

87. — La mauvaise conduite est un précipice escarpé, dont on ne peut sortir quand on y est tombé.

88. — Le temps se passe et la vie s'enfuit sans que les *hommes* y fassent la moindre attention ; tant que dure la vie, ils boivent, mangent, se divertissent sans

songer à l'avenir, qui, pour eux, est ce qu'il y a de plus important.

89. — La marque certaine d'une méchante cause, est de dire des sottises à sa partie adverse.

90. — Les nouvelles sont comme les rivières : plus elles viennent de loin, plus elles grossissent.

91. — Le jour où l'on n'apprend rien, ou qui est vide de bonnes actions, est un jour à rayer du livre de la vie.

92. — Le flatteur est méprisé de tout le monde' même de ceux qu'il flatte.

93. — Interrompre celui qui parle est malhonnête et prouve une mauvaise éducation.

94. — Manger, boire, dormir et se divertir, est la vie de l'animal ; penser, travailler et s'instruire, est la vie de l'*homme*.

95. — Très souvent, mieux vaut écouter que parler; car écouter c'est acquérir, parler c'est dépenser.

96. — Le peuple est un enfant qui oublie facilement, dans les divertissements publics, les maux dont on l'accable.

97. — Ne reprenons jamais personne en public, quand nous pouvons le faire en particulier.

98. — Ne remettons jamais au lendemain, ce que nous pouvons faire le jour même.

99. — Heureux celui qui corrige ses défauts, en voyant ceux d'autrui.

100. — Celui qui critique l'*homme* juste et bienfaisant, donne mauvaise opinion de lui-même.

101. — Deux sortes de personnes ne peuvent jamais

se contenter, le savant dans l'étude et l'avare dans les richesses.

102. — Mieux vaut la pauvreté que les richesses mal acquises.

103. — La pauvreté est bien fâcheuse, mais la mauvaise conduite est encore pire.

104. — Souffrir que le méchant fasse mal, quand on peut l'empêcher, c'est participer à sa mauvaise action.

105. — Ne nous chargeons jamais des secrets des autres, car il est déjà assez difficile de garder les nôtres.

106. — La sagesse consiste à ne pas désirer plus que l'on a, et à ne pas donner d'espérance, si on ne peut pas les réaliser.

107. — Tous les *hommes* ont leurs défauts ; le plus estimable est celui qui en a le moins.

108. — Le flatteur et le courtisan sont comme le chien, qui vous lèche les pieds pour recevoir une caresse, ou mieux encore un os à ronger.

109. — Avant de parler, pensons à ce que nous voulons dire.

110. — Si nos ennemis sont dans la souffrance, ayons pitié d'eux, et rendons-leur le bien pour le mal.

111. — Nous devons toujours interpréter favorablement la conduite de nos amis, jusqu'à ce que nous ayons des preuves certaines qu'ils nous trahissent.

112. — S'élever devant les *hommes*, c'est vouloir qu'ils nous rabaissent ; se rabaisser devant eux, c'est obtenir qu'ils nous élèvent.

113. — Refuser un bienfait offert par l'amitié ou

par la charité bienveillante, est une véritable ingratitude.

114. — Soulager la misère est beaucoup ; mais la prévenir est encore mieux.

115. — Il suffit qu'une chose nous soit défendue, pour que nos désirs soient surexcités...

ERRATA

P. 5, ligne 2 et 3 : de notre crasse; *lisez* : de crasse.
P. 23, ligne 11 : complaisance; *lisez* : bienfaisance.
P. 60, ligne 24 : lui déplaise; *lisez* : Lui déplaise.
P. 70, ligne 5 : faire pour amour; *lisez* : faire par amour.
P. 83, ligne 1 : céons; *lisez* : consé-.

Nota : *L'en-tête* de toutes les pages de cet écrit, sauf celles de l'*Avertissement* et de l'*Avant-propos*, est défectueux et, en même temps, la partie se rapportant à la morale sociale est *incomplète*.

CONCLUSION

Chers et bien-aimés Collégiens,

Après avoir donné sous forme de *distiques*, *quatrains*, *maximes* et *proverbes*, de nombreux et très-importants préceptes, extraits de nos Auteurs les plus en renom (1), nous pensons qu'il est également de notre devoir, de vous donner le moyen à suivre le plus efficace pour vous corriger des nombreux défauts que vous pouvez avoir, et qui sont la conséquence de votre âge ; ce qui, par la suite, vous permettra de vous garantir de ceux, plus nombreux encore et beaucoup plus graves en même temps, qui sont susceptibles de vous nuire plus ou moins en avançant dans la vie.

Ce moyen, réellement des plus efficaces, consiste dans l'emploi consciencieux et constant du tableau synoptique qui termine cet humble écrit ; lequel tableau a pour but de permettre à toute personne qui désire s'améliorer, de

---

1 Les noms des Auteurs, pour le plus grand nombre des *disti-ques*, *quatrains* et *proverbes* compris dans cet écrit, nous étant inconnus, nous avons cru devoir n'en désigner aucun, dans la crainte de faire des erreurs regrettables sous tous les rapports. Quant aux différents articles qui composent ce volume, ils ont tous été extraits de nos écrits suivants : Le *Guide du bonheur*, l'*Encyclopédie morale* et le *Catéchisme universel*.

10.

faire en peu de temps, et cela à la fin de chaque jour, le relevé des fautes dont elle aura eu le malheur de se rendre coupable, dans la journée écoulée.

Pour obtenir un semblable résultat, il lui suffira de marquer d'un signe conventionnel, approprié à chaque semaine, la case correspondante à la qualité opposée à la faute commise. Puis, à la fin de chaque semaine, si elle fait le relevé de toutes les fautes commises et le nombre de fois qu'elles auront été commises, par ce moyen, elle apprendra à connaître, en peu de temps, les défauts auxquels elle est le plus susceptible de succomber ; avantage immense qui lui permettra de porter, par la suite, toute son attention sur ces mêmes défauts, afin de mieux les éviter ; ce dont il lui sera facile de venir à bout, en peu de temps, si elle en a le désir et la volonté.

Dans le tableau synoptique de la page suivante, le signe conventionnel approprié à chaque semaine, est l'une des neuf unités de nombre de 1 à 9, la première unité désignant la première semaine, etc. D'après cela, on peut se servir de ce tableau pendant *neuf semaines* de suite, sans être dans l'obligation de le renouveler, son extrême clarté restant la même tout ce temps. Cette clarté permet (comme il est facile de s'en convaincre, à la seule inspection dudit tableau qui, naturellement, peut se modifier à volonté) de reconnaître du premier coup d'œil, le nombre des fautes commises chaque semaine, et, en même temps, le genre des défauts auxquels on est le plus susceptible de succomber, à la condition, cependant, de conserver à chaque chiffre son rang d'ordre, comme il est désigné dans la dernière case du lundi...

TABLEAU SYNOPTIQUE.

LUNDI.	MARDI.	MERCREDI.	JEUDI.	VENDREDI.	SAMEDI.	DIMANCHE.	DÉSIGNATION des QUALITÉS.
							Crainte de DIEU et confiance en Lui
							Amour de DIEU et reconaissance envers LUI.
							Toute humilité et résignation devant DIEU.
							Prière à DIEU, etc.
							Charité en Pensées..
							Charité en Paroles.
							Charité en Actions.
							Sobriété.
							Frugalité.
							Tempérance.
							Ordre et économie.
							Patience,
							Modestie.
							Bon emploi du temps.
123 456 789							Bonne compagnie.

TABLE DES MATIÈRES

———)

PREMIÈRE PARTIE

DEUXIÈME PARTIE

TROISIÈME PARTIE

(PARTIE POÉTIQUE)

(PARTIE PROSAÏQUE)

FIN DE LA TABLE DES MATIÈRES

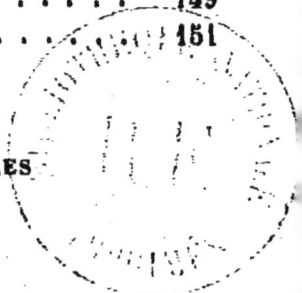

Paris. — Charles UNSINGER, imprimeur, 83, rue du Bac.

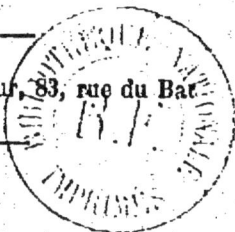

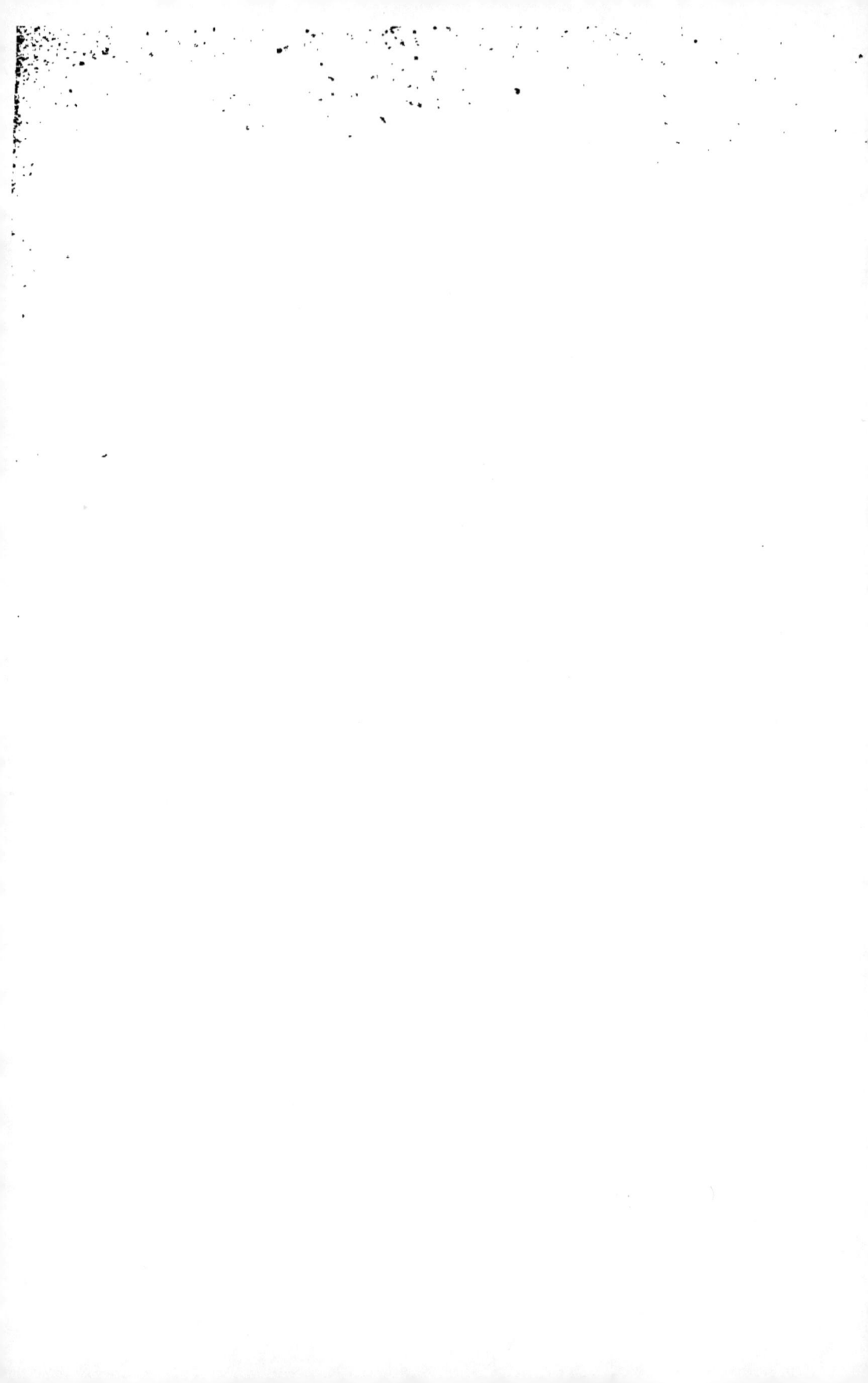

www.ingramcontent.com/pod-product-compliance
Lightning Source LLC
Chambersburg PA
CBHW072040090426
42733CB00032B/2048